本成果为上海市人民政府决策咨询研究基地余南平工作

主编：余南平
副主编：李括

金融危机后亚太国家自由贸易
发展现状与展望

The Post-Crisis Actuality and Prospect
of Asia-Pacific Countries' Progress in Free Trade

中国出版集团公司

世界图书出版公司

广州·上海·西安·北京

图书在版编目（CIP）数据

金融危机后亚太国家自由贸易发展现状与展望/余南平
主编．一广州：世界图书出版广东有限公司，2016.12（2025.1重印）
ISBN 978-7-5192-2339-7

Ⅰ.①金… Ⅱ.①余… Ⅲ.①自由贸易－研究－亚太
地区 Ⅳ.① F753.02

中国版本图书馆 CIP 数据核字（2017）第 001928 号

书　　名	金融危机后亚太国家自由贸易发展现状与展望
	JINRONG WEIJIHOU YATAI GUOJIA ZIYOU MAOYI FAZHAN XIANZHUANG YU ZHANWANG
编　　者	余南平　李　括
策划编辑	孔令钢
责任编辑	冯彦庄
装帧设计	黑眼圈工作室
出版发行	世界图书出版广东有限公司
地　　址	广州市新港西路大江冲 25 号
邮　　编	510300
电　　话	020-84460408
网　　址	http:// www.gdst.com.cn
邮　　箱	wpc_gdst@163.com
经　　销	新华书店
印　　刷	悦读天下（山东）印务有限公司
开　　本	710mm×1000mm　1/16
印　　张	14.25
字　　数	254 千
版　　次	2016 年 12 月第 1 版　　2025 年 1 月第 3 次印刷
国际书号	ISBN　978-7-5192-2339-7
定　　价	78.00 元

前　　言

本书是上海市人民政府决策咨询研究基地余南平工作室的第一个年度报告。

国际问题研究在中国大有登堂显学之势。究其原因，在于持续的高速成长，使得中国成为世界第二大经济体，并且已经在当下国际格局显示出不可忽视的地位。然而，与之不相称的是，我们还没有准备好，这种准备不充分的状态是全方位的，尤其是我们对这个世界的认知以及对于世界格局的认知。这种知识和认知准备的不充分使国际问题研究的作用凸显出来，成为所谓显学似乎也就顺理成章了。

然而我们必须要问众多国际问题研究的从业者们，在所研究的领域和问题面前，你们准备好了吗？

当今，上海在中国的重要性是一个无需做过多论述的命题，然而，无论从基础的学科建设，还是以学理为基础提供决策咨询服务的角度，上海的国际问题研究的水准和地位都难以和这座城市的地位相匹配。

在这种双重背景下，当"显学"的浮华飘然而至的时候，上海国际问题研究的学者同行们更需要警醒的是，我们有义务为这个学科踏踏实实地前行，有义务让这个学科在实践事务中真正发挥它的知识支持作用。

具体到我们这个工作室团队，我们首先要坚持用真实的知识服务社会。所谓智库，一定是用知识回馈国家与社会。高校智库不同于其他智库的特点在于其理论基础更深厚，知识更新更迅捷，在此二者基础上的判断会更客观和理性。背离了这个优势，不仅使我们鲜明的特点流失，也丧失了我们的基本责任。

我们必须意识到一个基本概念，"实验室离工厂产出的距离越近，越能推动创新与发展"，这不仅是自然科学的铁律，对国际问题研究同样有效。尊重知识客观性，不是将它供在龛房，而是需要让它转化为现实的动力。

我们还要有全局的意识。虽然身处上海，但是国际问题研究的学科背景，决定了我们的服务对象肯定需要，也应该首先是中国的事务，脱离了这个前提，所谓"为上海服务"将是无源之水的空话。

我们需要将上海发展与国际格局变化相关性的概念落在实处，为上海应对国际政治经济环境的变化，特别是应对短期突发的国际性事件，提供政策对策建议，并且规划上海中长期参与全球治理的举措。

基于此，我们选择了"金融危机后亚太国家自由贸易发展现状与展望"作为第一个年度报告的研究主题。

2008 年全球经济危机作为 21 世纪初最重大的经济事件，其影响延续至今。国际社会中各个经济体在危机发生后的对外经贸表现，几乎无一例外地经历了衰退与萎缩，但是在同样的经济萧条背景下，亚太区域乃至全球主要经济体在危机后恢复的过程中却呈现出不同的效果。

美国凭借其完善的自由贸易协定体系——不仅有双边自由贸易中的"一体两翼"结构，还有正在开展谈判的 TPP 与 TTIP 区域性多边自由贸易框架——在危机之后短暂的 2—3 年后便开始走上了对外贸易持续复苏的通道，并且仍然维持着其霸权的有效历史周期。

日本在战后至 20 世纪 60 年代所形成的以东南亚、南亚为主要接触对象的路径，至今仍然在其对外经贸实践中占据着主导地位，其与新加坡、韩国、越南、印度、老挝、柬埔寨、缅甸、澳大利亚、泰国之间的自由贸易协定有效地促进了其外贸在危机后的 3—4 年间有所恢复，但由于日本自身经济的产业亏空等复杂的内部缺陷，致使其在国际经济领域的作用在很大程度上面临着限制。韩国的国际自由贸易体系框架以区域或多边的形式为主，但由于与美欧等国家和区域的自贸协定签订生效时日尚短，因此对其经贸影响的判断仍需时间。当前韩国的自由贸易谈判主要围绕东北亚地区的中日韩三方展开，过程伴随着该地区的历史纠葛与现实冲突相交织的重重阻碍。

新加坡由于所处地理位置，使得其在国际经济与地缘政治中的地位极其敏感，虽然作为东盟内部经济表现相对强劲的经济体，新加坡与印度尼西亚一样，同东盟域内国家的贸易产业匹配度并不高，但是新加坡对于东盟的贸易离心倾向更多地受制于其自身的经贸发展模式，不牵涉第三方的、背对背式的双边贸易协议谈判更能够有效地保证新加坡自身的经贸利益。而印尼虽然也得益于东盟域外的双边自由贸易协定，但是相较于新加坡而言，印尼尚保留着在东盟内部的政治雄心，但是东盟的内部结构与欧盟、北美自贸区存在着本质上的差异，因此印尼的处境将变得尴尬且愈加复杂。

对于澳大利亚而言，经济危机之后，其自身经贸结构与特征在多个方面都给出了更加需要加强双边或多边自由贸易协定谈判与建设的证据：货币方面，澳元不断升值，尤其 2013 年币值达到顶峰之际，使作为南太平洋地区首屈一指的出口国的澳大利亚压力陡增；地理位置上远离美洲、亚洲大陆腹地，这使得澳大利亚商品贸易无论在进口或出口方面都面临着更加高昂的交通运输成本。产业方面，目前世界上几乎主要的经济大国都对自身的农业相关产业实行保护主义政策，这为澳大利亚农产品出口带来的是长期的、难以克服的困境。此外，中国经济进入"新常态"之后增速放缓，新一轮的"去产能"政策更使得中国对大宗商品的需求大幅蹉跌，澳大利亚的矿石出口将不得不面临一个日益萎缩的中国进口市场。

在详述了亚太地区各个主要经济体的经贸及其自由贸易发展状况后，可以看到以下几个关于亚太地区经济的结论性图景：第一，虽然关于"美国霸权"及其"衰落"或"转移"的话题自 20 世纪 70 年代后就一直是国际政治经济学界争论与探讨的最主要议题，但本书通过真实的经贸数据在一定程度上观察到，美国依然能够，并且也正在凭借其完整的商品贸易网络体系保持着其最大经贸国家的地位，并且事实表明，美国仍将利用一切机会，甚至主动创造机会对其自身的自由贸易网络不断地加以完善；第二，通过各个章节的梳理，可以发现亚太区域内主要的经贸国家相互之间均已经或者正在形成各种形式与内容的自由贸易协定，历史将在极其短暂的未来见证危机后亚太域内国家在彼此之间所织就的自由贸易网络以及亚太经贸格局的深刻变化；第三，无论其他国家经济体是否心甘情愿地接受并承认，其各自市场对中国市场的逐渐深刻的依赖状况，使得中国经济的增长与变革对区域乃至全球经济的刺激或扰动效应正在日益增强，任何一个想要在未来参与到国际经贸游戏中的行为体将再不能无视中国这一巨大且日渐重要的同行者或竞争者，而这将要求包括中国在内的亚太沿岸国家在经贸政策的制定过程中拥有足够的智慧与勇气，在复杂而激烈的竞争中实现自身的利益，并努力创造"和谐共赢"的国际经贸秩序。以上观点将在本书的此处作为结尾，但另一方面，它更应该在我国深化"一带一路"战略的建设实践中成为厘清周边经贸格局与形势的参考起点。

本报告是一个集体成果，这里必须要向以下同事致谢！

第一章撰写工作由李括完成；

第二章撰写工作由张洪玉、杜慧中完成；

第三章撰写工作由王潇怡、费梦戈完成；

第四章撰写工作由叶锟完成。

余南平设计了整体研究框架，并做了最后修改、统稿。李括完成了初步统稿工作。

余南平

2016 年 10 月

目　　录

图 目 次

表 目 次

第一章　美国与其全球 FTA 伙伴国商品贸易状况

第一节　美国"一体两翼"全球贸易体系的基础

一、美国商品贸易增长概况

美国在 2001 年（1.87 万亿美元）至 2014 年（3.97 万亿美元）的 13 年间，商品贸易规模已实现了超过 1 倍的增长，是 13 年前的约 2.12 倍，而贸易逆差增长却小于 1 倍，是 13 年前的 1.75 倍。在此 13 年间，2009 年由于金融危机使得贸易触底之后，于 2010 年进入恢复期，2011 年已基本恢复到了危机之前的增长速度，至今也基本保持了这一增长态势。

图 1-1 中美国商品贸易波动趋势与图 1-2 基本吻合，2001 年商品贸易逆差同比下降，随后的 2002 年逆差开始正增长，在 2004 年达到了逆差增长的峰值（23%），在此后的第 3 年，即 2007 年出现负增长（－2.3%），继而开始了金融危机的进程。2010 年再次达到逆差增长的峰值（26.2%），2013 年则再次出现负增长（－5.7%）。因此，根据图 1-2 曲线所显示的规律，在既有的国际商品贸易格局下，美国的贸易逆差增幅以 20%—30% 为峰值范围，从波谷至波峰以及从波峰回落至波谷的周期约为 3 年。由此规律可以推断，从 2014 年开始的 2—3 年同样应该是美国商品贸易逆差扩大上以行接近峰值的过程，但是由于 2012 年以来页岩油气产业的开发与发展，使美国在国际能源市场上的需求方角色有所转变，这一技术动因所引起的变化是否会使上述周期发生收敛抑制的情况以及美国正在开展的 TTP、TTIP 谈判对其国际商品贸易格局的影响，都有待于现实数据的进一步证实。

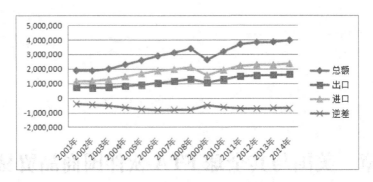

图 1-1　2001—2014 年美国商品贸易情况走势（单位：百万美元）

数据来源：中华人民共和国商务部网站国别报告，http://countryreport.mofcom.gov.cn/ record/view110209.asp。?news_id=42680。

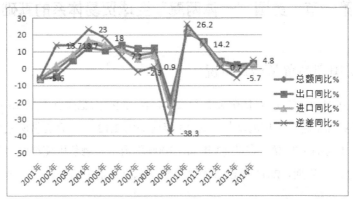

图 1-2　2001—2014 年美国商品贸易波动情况

数据来源：中华人民共和国商务部网站国别报告，http://countryreport.mofcom.gov.cn/ record/view110209.asp。?news_id=42680。

二、美国商品贸易进出口分布概况

据美国商务部统计，2014 年全年，美国货物进出口额为 39 686.3 亿美元，比上年（下同）增长 3.1%。其中，出口 16 234.4 亿美元，增长 2.8%；进口 23 451.9 亿美元，增长 3.4%。贸易逆差 7 217.4 亿美元，增长 4.8%。

分国别（地区）看，2014 年美国对加拿大、欧盟 28 国、墨西哥、中国和日本的出口额分别占美国出口总额的 19.2%、17.0%、14.8%、7.6% 和 4.1%，分别增长 3.5%、5.6%、6.3%、1.9% 和 2.7%；自中国、欧盟 28 国、加拿大、墨西哥和日本的进口额分别占美国进口总额的 19.9%、17.8%、14.8%、12.5% 和 5.7%，其中自日本进口下降 3.3%，自中国、欧盟 28 国、加拿大和墨西哥进口增长 6.0%、7.8%、4.1% 和 4.9%。美国的前四大贸易逆差来源地依次是中国、德国、日本和墨西哥，2014 年逆差额分别为 3 426.3 亿美元、737.4 亿美元、669.8 亿美元和 538.3 亿美元，其中与中国和德国逆差增长 7.5% 和 10.1%，与日本和墨西哥逆差下降 8.7% 和 1.1%。美国的贸易顺差主要来自中国香港和荷兰，2014 年顺差额分别为 350.8 亿美元和 228.6 亿美元，下降 4.3% 和 2.1%。

分商品看，机电产品、运输设备、矿产品和化工产品是美国的主要出口商品，2014 年出口额分别为 3 915.3 亿美元、2 680.7 亿美元、1 684.1 亿美元和 1 644.3 亿美元，占美国出口总额的 24.1%、16.5%、10.4% 和 10.1%，分别增长 3.2%、4.9%、6.0% 和 0.5%。在机电产品中，机械设备出口 2 195.7 亿美元，增长 2.8%；电机和电气产品出口 1 719.7 亿美元，增长 3.7%。机电产品、矿产品和运输设备是美国的前三大类进口商品，2014 年分别进口 6 389.6 亿美元、3 526.5 亿美元和 2 989.7 亿美元，占美国进口总额的 27.3%、15.0% 和 12.8%，机电产品和运输设备增长 5.9% 和 6.1%，矿产品下降 8.6%。在机电产品中，机械设备进口 3 239.9 亿美元，增长 6.3%；电机和电气产品进口 3 149.7 亿美元，增长 5.5%。化工产品、贱金属及制品和纺织品及原料等也是美国的重要进口产品。[1]

如图 1-3 所示，2014 年美国商品贸易出口前 15 个目标市场分别是加拿大、墨西哥、中国大陆、日本、英国、德国、韩国、荷兰、巴西、中国香港、比利时、法国、新加坡、中国台湾和澳大利亚。其中，对巴西、中国香港、法国、新加坡的商品出口同比分别下降了 3.9%、3.5%、1.7% 和 0.5%；其他国家或地区则有所增长，其中对英国出口同比增幅最大，达到 13.8%，其次是比利时，增幅为 9%。

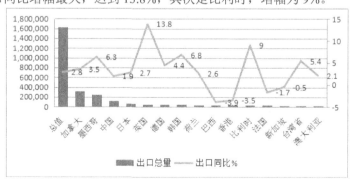

图 1-3　2014 年美国对主要贸易伙伴商品贸易出口情况（单位：百万美元）

数据来源：中华人民共和国商务部网站国别报告，http://countryreport.mofcom.gov.cn/record/view110209.asp。?news_id=42681。

而图1-4中，2014年美国商品贸易进口前15个来源国家或地区分别为中国大陆、加拿大、墨西哥、日本、德国、韩国、英国、沙特阿拉伯、法国、印度、意大利、中国台湾、爱尔兰、瑞士和越南。其中，从日本和沙特阿拉伯进口量同比分别下降了3.3%和9.2%；其余国家或地区进口同比均有增长，从越南进口增幅最大，达到24%，其次为韩国的11.6%，瑞士第三，为10.3%。

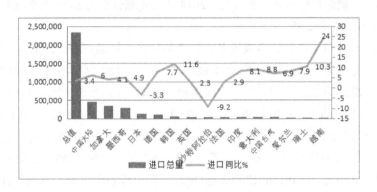

图1-4　2014年美国对主要贸易伙伴商品贸易进口情况（单位：百万美元）

数据来源：中华人民共和国商务部网站国别报告，http://countryreport.mofcom.gov.cn/record/view110209.asp。?news_id=42682。

对区域性经济组织贸易情况中，OECD、APEAC、NAFTA、东盟10＋6、欧盟28国和东盟10国都保持了进口增幅大于出口增幅的平稳贸易逆差状况，如图1-5与图1-6所示。其中对东盟10国的贸易，在出口不变的情况下，进口实现了8%的较大增幅，明显超过上述其他组织的水平。相反的，对拉美一体化协会、南方共同市场、中东15国和OPEC等组织的贸易情况则是出口增幅大于进口增幅，其中对中东15国出口增长了0.1%的同时，进口额同比下降了3%，尤其是OPEC进出口均有所下降，进口额降幅甚至达到了13.5%。从中东地区进口大幅下降的情况以及图1-4中显示的从沙特阿拉伯进口量也减少了9.2%，反映了2014年因对俄罗斯经济制裁以及美国页岩油气产业发展引起的国际能源供需结构变动对美国国际商品贸易格局的影响，中东地区尤其是石油生产国在美国商品贸易中的传统份额面临相当大的损失。

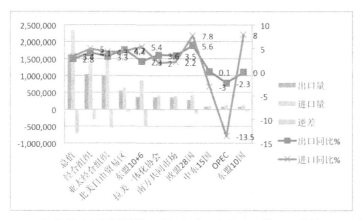

图 1-5 2014 年美国对主要区域性经济组织商品贸易出口情况（单位：百万美元）

数据来源：中华人民共和国商务部网站国别报告，http://countryreport.mofcom.gov.cn/record/view110209.asp。?news_id=42683http://countryreport.mofcom.gov.cn/record/view110209.asp。?news_id=42684。

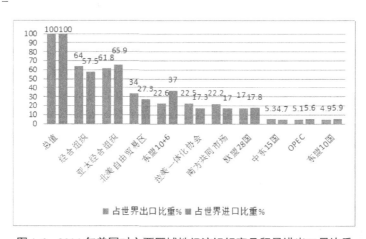

图 1-6 2014 年美国对主要区域性经济组织商品贸易进出口量比重

数据来源：中华人民共和国商务部网站国别报告，http://countryreport.mofcom.gov.cn/record/view110209.asp。?news_id=42683http://countryreport.mofcom.gov.cn/record/view110209.asp。?news_id=42684。

三、美国的全球经济战略目标与商品贸易平衡概况

美国全球经济战略的三大目标：第一，开放市场使发展中国家融入全球经济；

第二，能源市场的开放一体化和多样化，以确保能源的独立；第三，改革国际金融体系，以确保稳定和增长。

巨大对外贸易规模对美国国际地位的意义体现在以下五个方面：

第一，世界上最大的进出口规模决定了美国在国际贸易谈判中的地位。

第二，美国的进口规模对世界经济的影响比其出口规模的影响更大。凡是在国际政治领域，符合美国战略目标或拥护美国这个国家，美国就会通过自由贸易协定等形式来开放国内市场，提供比最惠国待遇更优惠的待遇，以增强那些国家的经济实力，这主要表现在美国与以色列和约旦签署的自由贸易协定上。科恩（Benjamin J. Cohen, 1968）认为，美国的贸易政策是一种混合体，"它是一个国家试图影响外部经济环境的那些行动的总称"，"它也是一个国家整体外交政策的组成部分，服务于共同的政策目标"。[2] 所以，美国的制裁是用庞大的进口市场作支撑的，美国与他国签署贸易协定也是以庞大的进口市场为后盾，也就是说，美国的"胡萝卜"与"大棒"都是以其世界最大的进口市场地位为依托的。

第三，美国是世界上最大的贸易逆差国，享受了世界上最多的物质财富。美国借助于全球资本流入，使储蓄—投资的不平衡在两国模型中实现平衡。这种平衡在两个层次上实现：一是通过资本市场的交易实现实际购买力的转移，使外国的资金流入美国；二是通过产品市场的交易实现实际产出的转移，也就是美国人用外国的资金采购外国的产品。这样，资本净流入与贸易逆差就可以基本平衡。

第四，美国贸易条件与美国对外贸易的利益得失。美国的贸易条件在30年里呈恶化的趋势，原因并不是美国经济的绝对落后，而是美国经济的相对落后，美国贸易条件平均每年下降 0.5%，而且贸易条件的下降对美国人民的生活影响很小，因为进口支出只占收入的 10%—12%。贸易条件恶化使美国每年损失 0.05% 的 GDP，但由于该时期美国每年平均增长了 3%，因此，每年损失 0.05% 的 GDP，只相当于每15 年损失了 1% 的 GDP。[3]

第五，美国的进口是国内产业结构升级的必要前提。当美国把低效率产业中的生产因素转移到高效率的产业时，必须通过进口来补足国内因低效率产业转移而减少的产出，以满足国内需求。

从美国的贸易平衡情况来看，如图 1-7 所示，对世界范围的商品贸易平衡状况在2009 年金融危机触底时，其商品贸易逆差规模也达到了最低水平，危机后至今也并未回到危机之前的规模。2006—2014 年美国商品贸易的主要来源有中国、日本、墨西哥、加拿大、德国、尼日利亚、委内瑞拉、沙特阿拉伯、爱尔兰、马来西亚、意大利、俄罗斯、韩国、印度、越南，其中对中国的贸易逆差规模明显大于其他国家，并且除了 2008—2009 年危机期间逆差规模一直保持稳定增长的贸易对象国，其他逆差规模较大的对象国有日本、墨西哥、加拿大和德国，其中对日本与墨西哥两国逆差今年呈现减少的趋势，而德国则有所增长，值得一提的是加拿大，对其贸易逆差从 2006 年的约 718 亿美元缩减至危机后至 2014 年的约 339 亿美元，缩减幅度约为 53%。此外，以能源石油出口的市场国近年来对美商品贸易顺差在不断缩小，如沙特阿拉伯、委内瑞拉、俄罗斯、尼日利亚以及上述的墨西哥，其中尼日利亚自 2011 年，委内瑞拉和俄罗斯自 2012 年起已退出了美国商品贸易逆差前 10 的位置。与此相反，印度、韩国自 2012 年，越南自 2013 年起开始进入美国商品贸易逆差前 10 的行列，并呈逐年上升的趋势；爱尔兰与意大利则始终在对美商品贸易顺差的中保持较为平衡的水平。

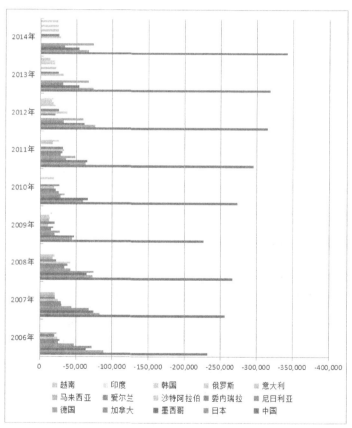

图 1-7　2006—2014 年美国商品贸易逆差主要来源（单位：百万美元）

数据来源：中华人民共和国商务部网站国别报告，http://countryreport.mofcom.gov.cn/record/view110209.asp。?news_id=42685。

另一方面,2006—2014 年美国商品贸易顺差主要来源有荷兰、中国香港、澳大利亚、阿联酋、比利时、新加坡和巴西,如图 1-8 所示。其中新加坡与巴西两国均为阶段性地进入美国前 5 大商品贸易顺差国行列,并自 2013 年起,美国对其贸易顺差有所扩大。美国对比利时顺差基本稳定在 100 亿美元的规模上。其余如中国香港、荷兰、阿联酋波动性上升的走势基本一致,但中国香港有别于其他国家的是,即使在 2008 年金融危机中,美国对其商品贸易顺差也未受影响,一直保持着增长的趋势。自 2012 年后,美国对澳大利亚的贸易顺差开始缩小。

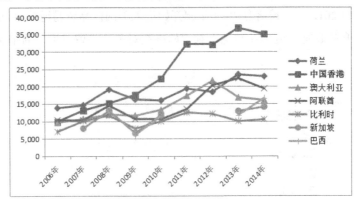

图 1-8   2006—2014 年美国商品贸易顺差主要来源(单位:百万美元)

数据来源:中华人民共和国商务部网站国别报告,http://countryreport.mofcom.gov.cn/record/view110209.asp。?news_id=42685。

四、美国区域与双边自由贸易协定的签订情况

美国对外贸易政策通过三条途径贯彻:第一,海外市场开放;第二,保护美国产业,以免遭不公平的贸易竞争;第三,确保其他国家不操纵汇率。贯彻这三条途径又分为三个层次:第一个层次是 WTO 框架下的多边贸易协定;第二个层次是区域贸易或投资协定;第三个层次是双边贸易或投资协定。后两个层次的贸易协定就是自由贸易协定。自由贸易协定(FTA)已被证明是为美国出口商打开国外市场的最好方法之一。它可以减少美国所面临的出口贸易壁垒,并且保护美国利益、增强其自由贸易伙伴国的法律法规。贸易壁垒的消除以及更加稳定、透明的贸易与投资环境,可使美国企业向其贸易伙伴国出口商品与服务变得更加便捷。2012 年,46% 的美国商品出口至其 20 个 FTA 伙伴国,出口总量达 7 180 亿美元,较 2011 年增长了 6%。[4]

早在 2006 年 6 月,美国国会研究局在向国会提交的报告中就明确指出,布什行

政当局已把双边和地区自由贸易协定视为美国贸易政策的重要因素，这也就是众所周知的"竞争性自由化"战略，该战略将在双边、地区和多边领域推动贸易自由化。但是实际上，美国早在 1985 年就已经同以色列签订了其历史上第一份 FTA 协议，虽然当时美以之间的经济往来规模尚不足为道，而更主要是基于中东地区的战略考量，但却开启了这种以经济关系为抓手，直接或间接引导双边关系的实践框架与范式。此后同样以 FTA 的形式，美国可以在具体职能与条件、内容上进行调整，从而更加灵活、实用地维护其各方面利益。

截至目前，美国共与 20 个国家签订了 14 个自由贸易协定，如表 1-1 所示。其自由贸易伙伴国有：澳大利亚，巴林，智利，哥伦比亚，多米尼加—中美洲自由贸易协定国（哥斯达黎加、多米尼加共和国、萨尔瓦多、危地马拉、洪都拉斯、尼加拉瓜），以色列，约旦，韩国，摩洛哥，北美自由贸易协定国（加拿大、墨西哥），阿曼，巴拿马，秘鲁，新加坡。所签订的自由贸易协定（FTA）或贸易促进协定（TPA）有：澳大利亚—美国自由贸易协定（AUSFTA）、美国—巴林自由贸易协定（BHUS FTA）、美国—智利自由贸易协定（CLUS FTA）、美国—哥伦比亚贸易促进协定（COUS TPA）、美国与多米尼加—中美洲自由贸易协定（CAFTA-DR）、美国—以色列自由贸易协定（ILUS FTA）、美国—约旦自由贸易协定（JOUS FTA）、韩国—美国自由贸易协定（KORUS FTA）、美国—摩洛哥自由贸易协定（MAUS FTA）、北美自由贸易协定（NAFTA）、美国—阿曼自由贸易协定（OMUS FTA）、美国—巴拿马自由贸易协定（PAUS TPA）、美国—秘鲁自由贸易协定（PEUS FTA）、美国—新加坡自由贸易协定（SGUS FTA）。

表 1-1 美国至今签订的自由贸易协定

自贸区名称	签订	生效	备注
澳大利亚	2004/02/08	2005/01/01	布什自 2002 年夏天获得"贸促授权"（TPA）以来第一次签署双边自由贸易协定，也是自 NAFTA 以来签署的最大的自由贸易协定。[5]
韩国	2007/06/30	2012/03/15	
新加坡	2003/050/6	2004/01/01	
巴林	2004/09/14	2006/08/01	海湾国家中第一个与美签订自贸协定的国家以及继约旦和摩洛哥之后第三个与美签订自贸协定的阿拉伯国家。
以色列	--	1985/09/01	
约旦	2000/10/24	2001/12/17	
摩洛哥	2004/06/15	2006/01/01	
阿曼	--	2009/01/01	

续表1-1

自贸区名称	签订	生效	备注
NAFTA	1992/08/12	1994/01/01	
秘鲁	2007/06/28	2012/10/31	
CAFTA-DR		2006年在美国、萨尔瓦多、危地马拉、洪都拉斯和尼加拉瓜五国间正式生效,2007年开始适用于多米尼加共和国,2009年适用于哥斯达黎加	
多米尼加共和国	--		
萨尔瓦多	2004/05/28		
危地马拉	2004/05/28		
洪都拉斯	2004/05/28		
尼加拉瓜	2004/05/28		
哥斯达黎加	2004/05/28		
哥伦比亚	2006/11/22	2012/05/15	
巴拿马	2007/06/28	--	
智利	2003/06/06	2004/01/01	与美国签署此类协定的第一个南美国家

资料来源:根据网络资料收集整理。

第二节　美国全球自贸体系结构的"一体"——西半球商品贸易枢轴

与美国签订了自由贸易协定或贸易促进协定的国家在全球范围的地理分布上呈现出"一体两翼"的格局(见图1-9)。具体而言,"一体"即从北至南贯穿了整个南北美大陆的,由美国、加拿大、墨西哥组成的NAFTA,由多米尼加共和国、萨尔瓦多、洪都拉斯、危地马拉、尼加拉瓜和哥斯达黎加组成的CAFTA-DR以及巴拿马、哥伦比亚、秘鲁和智利。由图1-10中可以明显看出美国在南北美大陆上的商品贸易规模是其自贸体系的"两翼"规模的数倍,而图1-11中显示出的贸易逆差虽然自2011年达到峰值后逐年缩减,但仍然远远高于对中东地区自贸协定伙伴国的逆差规模。而"两翼"中的东侧一"翼"是中东的以色列、约旦,海湾地区的阿曼、阿林以及北非地中海南岸的摩洛哥这五个国家;西侧一"翼"则是东亚的韩国、东南亚的新加坡以及南太平洋的澳大利亚三国,美国对西太平洋一"翼"的贸易特点是始终保持着顺差状态。

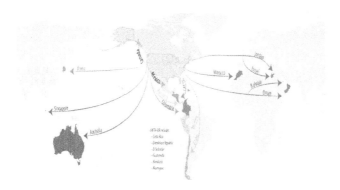

图 1-9　世界范围内与美国签订自由贸易协定或贸易促进协定的国家分布

图片来源：美国国际贸易管理局，http://www.trade.gov/fta/。

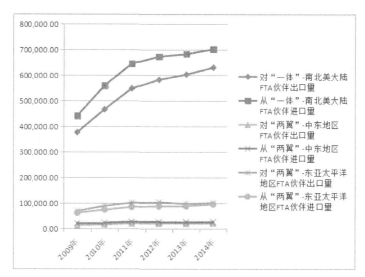

图 1-10　美国"一体两翼"商品贸易进出口量分布（单位：百万美元）

数据来源：美国国际贸易委员会，http://dataweb.usitc.gov/scripts/Regions.asp。

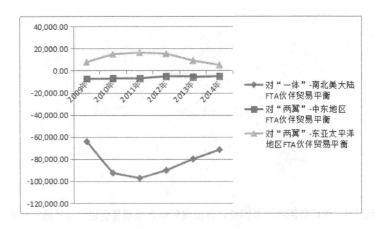

图 1-11　美国"一体两翼"商品贸易平衡情况（单位：百万美元）

数据来源：美国国际贸易委员会，http://dataweb.usitc.gov/scripts/Regions.asp。

对于 FTA 或 TPA 的签约国双方而言，其好处在于：第一，协议所规定的条款内容有助于知识产权的确认与保护；第二，开放的市场准入环境能够促进签约国企业参与到更充分的市场竞争中，优胜劣汰，使经济资源得到优化的配置；第三，协议中均规定有劳工权利与环境保护的相应原则与条款，有利于签约国社会福利的发展与自然生态环境的维持；第四，市场的开放带来商品贸易、服务与投资的增加，从而创造新的工作岗位，优化就业状况，提高了人们的物质生活水平；第五，有助于促进签约国的经济增长与制度、结构的改革，以及产业和基础设施建设的发展；第六，增强签约双方政府间采购的经济联系。

图 1-12、图 1-13 分别是 2013 年与 2014 年美国对所有 FTA 签约国的商品贸易情况，按照贸易量由大至小排名，2014 年排名上升的国家有以色列、澳大利亚、多米尼加共和国、巴拿马、洪都拉斯、危地马拉、约旦、阿曼和巴林；贸易量排名下降的国家有哥伦比亚、哥斯达黎加、秘鲁和萨尔瓦多。

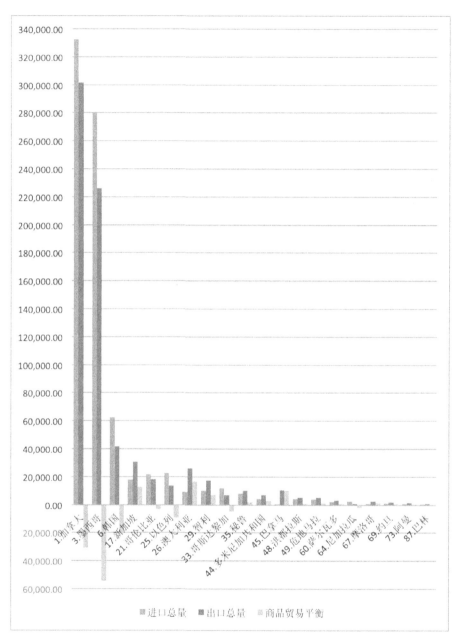

图 1-12　2013 年美国对 FTA 签约国商品贸易情况（单位：百万美元）

数据来源：美国国际贸易委员会，http://dataweb.usitc.gov/scripts/cy_m3_run.asp。

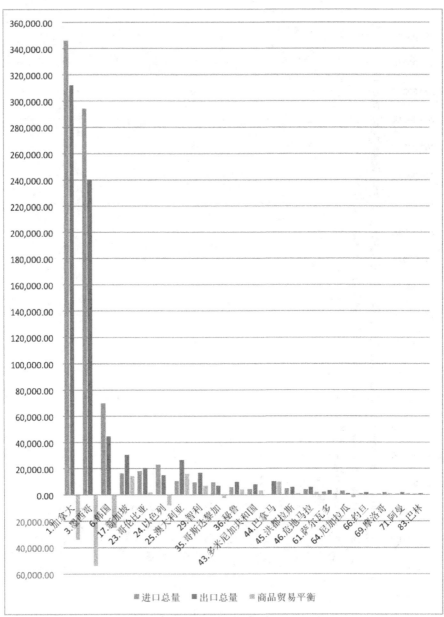

图 1-13　2014 年美国对 FTA 签约国商品贸易情况（单位：百万美元）

数据来源：美国国际贸易委员会，http://dataweb.usitc.gov/scripts/cy_m3_run.asp。

2009 年起，美国在西半球的商品进出口量均大幅增长（见图 1-14），虽然 2011 年开始增速放缓，但仍然保持增长势头；2014 年对西半球出口总量为 7 906.5 亿美元，进口总量为 7 372.6 亿美元，均达到历史最高值，但贸易逆差为 533.95 亿美元，较 2013 年略有缩减。

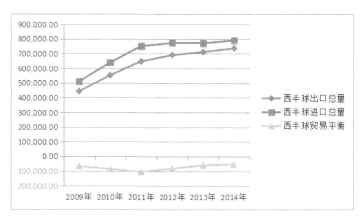

图 1-14　危机后美国对西半球商品贸易情况（单位：百万美元）

数据来源：美国国际贸易委员会，http://dataweb.usitc.gov/scripts/Regions.asp。

图 1-15 显示了危机后美国对西半球各 FTA 伙伴国所在区域经济组织商品贸易规模，对 NAFTA 贸易规模居于首位，规模大致相当于排在其次的安第斯集团贸易量的 8 倍，而对中美洲共同市场贸易量则最小，仅仅相当于对安第斯集团贸易量的 1/2—1/3。

就美国对各个区域经济组织之间的贸易规模占世界比重而言，如图 1-16 和图 1-17 所示，对 NAFTA 商品贸易出口规模约占世界总量的 1/3，进口量约占 1/4，商品贸易逆差则从 2010 年占全球贸易逆差总量的 15% 下降至 2014 年的 12% 左右。美国对安第斯集团的商品出口量占世界总量的比重在 2012 年达到最大值，为 3.28%，到 2014 年下降至 3.15%；进口量占世界总量的比重则是在 2011 年达到最大值，为 3.78%，而至 2014 年已下降至 2.87%；对安第斯集团的商品贸易逆差占全球逆差总量的比重同样在 2011 年达到峰值 5.75%，随后陡然下滑，2014 年这一指标为 2.25%，缩减了 60% 以上。而美国对中美洲共同市场的贸易规模较前两者明显偏小，2009 年以来美国对其商品出口量占全球出口总量的比重一直维持在 1.5% 左右，进口量比重维持在 1% 左右，贸易逆差比重则在 0.5% 以下。

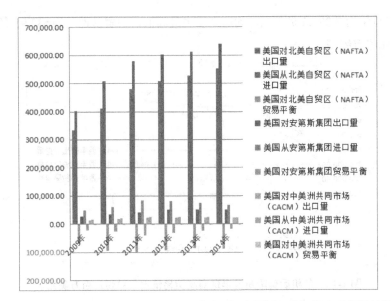

图 1-15　危机后美国对西半球各 FTA 伙伴国所在区域经济组织商品贸易情况
（单位：百万美元）

数据来源：美国国际贸易委员会，http://dataweb.usitc.gov/scripts/Regions.asp。

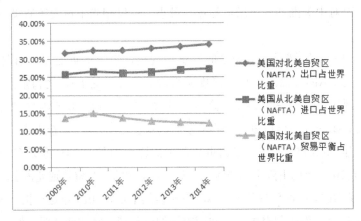

图 1-16　危机后美国对北美自贸区商品贸易量占世界比重

数据来源：美国国际贸易委员会，http://dataweb.usitc.gov/scripts/Regions.asp。

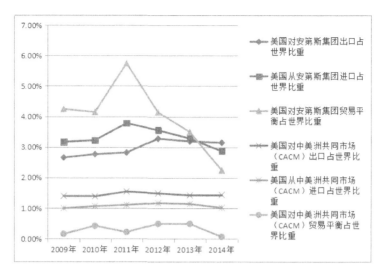

图 1-17　危机后美国对安第斯集团与中美洲共同市场商品贸易量占世界比重

数据来源：美国国际贸易委员会，http://dataweb.usitc.gov/scripts/Regions.asp。

一、北美自由贸易区（NAFTA）

NAFTA 创造了世界上最大的自由贸易区，在 NAFTA 框架下，美国出口至加拿大与墨西哥的全部商品关税与配额限制于 2008 年全部取消，至 2010 年已涵盖了 4.54 亿人口和 17.2 万亿美元商品与服务年产值的区域。贸易壁垒的解除与市场的开放推动了三个协定国经济的增长与繁荣。2010 年美国、加拿大、墨西哥商品贸易总额达到 9 446 亿美元，较 1993 年增长了 218%。加拿大与墨西哥分别成为美国第一和第三大商品贸易伙伴国，贸易量占美国全球出口贸易总量的 32.3%。[6]

美国对 NAFTA 商品贸易是其在西半球最主要的部分，如图 1-18 与图 1-19 所示，2009—2014 年，美国对 NAFTA 商品出口量占西半球出口总量的比重一直保持在 75% 左右，而进口比重则保持在 80% 左右；贸易平衡方面，美国对 NAFTA 贸易逆差占西半球逆差总量的比重 2011 年达到最低时也在 95% 左右，此后更是超过 100%，至 2014 年已达到 164.4%，由于对 NAFTA 进出口总量均维持稳定的水平，但逆差比重却不断增加，反映出在美国对西半球其他国家或地区的贸易关系中，逆差总量在缩小，或者说，美国在西半球商品贸易中的角色逐渐由贸易逆差国向贸易顺差国转变。

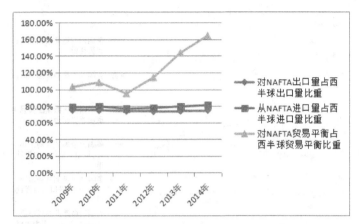

图 1-18 危机后美国对 NAFTA 商品进出口与贸易平衡占西半球比重

数据来源：美国国际贸易委员会，http://dataweb.usitc.gov/scripts/Regions.asp。

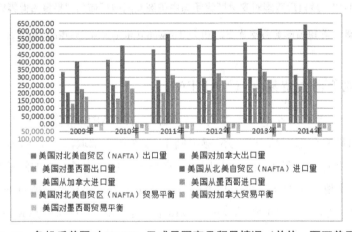

图 1-19 危机后美国对 NAFTA 及成员国商品贸易情况（单位：百万美元）

数据来源：美国国际贸易委员会，http://dataweb.usitc.gov/scripts/Regions.asp。

（一）美国—加拿大双边贸易情况

2013 年美国与加拿大的商品贸易总量为 6 320 亿美元，加拿大是美国最大贸易伙伴。商品出口总额为 3 002 亿美元，较 2012 年增长了 2.6%（77 亿美元），较签订自贸协定之前的 1993 年增长了 319%，是美国最大的商品出口市场，美国对加拿大出口量占全球出口总量的 19.0%；出口量最大的商品类别有车辆（517 亿美元）、机械（453 亿美元）、电机（268 亿美元）、矿物燃料 / 石油（247 亿美元）、塑料（130亿美元）；农产品出口总量为 213 亿美元，主要包括方便速食（19 亿美元）、鲜蔬菜（18

亿美元）、鲜水果（18 亿美元）、零食（13 亿美元）、非酒精饮料（12 亿美元），是美国第二大农产品出口市场。商品进口总额为 3 321 亿美元，较 2012 年增长 2.5%（81 亿美元），较自贸协定签订之前的 1993 年增长了 308%，是美国第二大进口商品供应国，进口量占全球进口总量 14.6%；进口量最大的商品类别有矿物燃料 / 石油（1 094 亿美元）、车辆（557 亿美元）、机械设备（298 亿美元）、塑料（106 亿美元）；农产品进口总量为 218 亿美元，主要包括零食（32 亿美元）、红肉 / 鲜肉 / 冻肉（19 亿美元）、植物油（17 亿美元）、活畜（17 亿美元）、果蔬加工品（14 亿美元），是美国最大进口农产品供应国。2013 年美国对加拿大的商品贸易逆差为 318 亿美元，较 2012 年增长了 1.4%（4.37 亿美元），占美国全球贸易逆差总量的 4.6%。

2014 年美国出口加拿大的商品总额为 3 121.2 亿美元，出口量最大的商品类别有车辆（478.4 亿美元）、机械（341.7 亿美元）、矿物燃料 / 石油（323.6 亿美元）、电气设备与零部件（155.2 亿美元）、塑料（129.1 亿美元）；商品进口总额为 3 460.6 亿美元，进口量最大的商品类别有矿物燃料 / 石油（1 153.4 亿美元）、车辆（559.5 亿美元）、机械（209.9 亿美元）、塑料（112.8 亿美元）。2014 年美国对加拿大的商品贸易逆差为 339.4 亿美元。

如图 1-20 和图 1-21 所示，2009 年美国对加拿大的出口量占 NAFTA 出口量的 61.35%，至 2014 年这一数字为 56.5%，5 年间下降 4.85 个百分点；2009 年美国自加拿大的进口量占 NAFTA 进口量的 56.02%，至 2014 年这一数字为 54.05%，5 年间下降 1.97 个百分点。2009 年贸易逆差占 NAFTA 总逆差比重为 29.8%，2014 年为 38.67%，5 年间上涨了 8.87 个百分点。

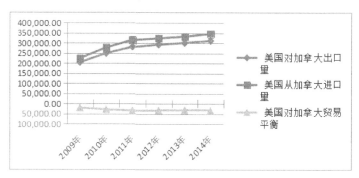

图 1-20 危机后美国对加拿大商品贸易情况（单位：百万美元）

数据来源：美国国际贸易委员会，http://dataweb.usitc.gov/scripts/Regions.asp。

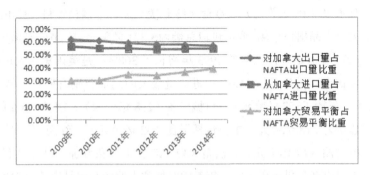

图 1-21　危机后美国对加拿大商品进出口与贸易平衡占 NAFTA 比重

数据来源：美国国际贸易委员会，http://dataweb.usitc.gov/scripts/Regions.asp。

（二）美国—墨西哥双边贸易情况

2013 年美国与墨西哥商品贸易总量为 5 070 亿美元，墨西哥是美国第三大商品贸易伙伴。商品出口总额为 2 260 亿美元，较 2012 年增长 4.7%（102 亿美元），较自贸协定签订之前的 1993 年增长了 444%，是美国第二大商品出口市场，出口量占美国全球出口总量的 14.3%；出口量最大的商品类别有机械（385 亿美元）、电机（367 亿美元）、矿物燃料 / 石油（230 亿美元）、车辆（216 亿美元）、塑料（153 亿美元）；农产品出口总量为 181 亿美元，主要包括玉米（18 亿美元）、大豆（15 亿美元）、乳制品（14 亿美元）、猪肉及其制品（12 亿美元）、禽肉（12 亿美元），是美国第三大农产品出口市场。商品进口总额为 2 805 亿美元，较 2012 年增长了 1.0%（29 亿美元），较自贸协定签订之前的 1993 年增长了 603%，进口量占美国全球商品进口总量的 12.4%，是美国第三大进口商品供应国；进口量最大的商品类别有汽车及零部件（596 亿美元）、电机（574 亿美元）、机械设备（426 亿美元）、矿物燃料 / 石油（348 亿美元）、光学 / 医疗器械（107 亿美元）；农产品进口总量为 177 亿美元，主要包括鲜蔬菜（46 亿美元）、鲜水果（31 亿美元）、葡萄酒 / 啤酒（19 亿美元）、零食（15 亿美元），是美国第二大进口农产品供应国。2013 年美国对墨西哥的商品贸易逆差为 543 亿美元，较 2012 年降低了 11.9%（73 亿美元），占美国全球商品贸易逆差的 7.9%。

2014 年美国对墨西哥出口总量为 2 403.2 亿美元，出口量最大的商品类别有机械（271.3 亿美元）、矿物燃料 / 石油（236.2 亿美元）、电气设备与零部件（201.7 亿美元）、车辆（183.8 亿美元）、塑料（152.6 亿美元）；商品进口总量为 2 941.6 亿美元，进口量最大的商品类别有车辆（678.7 亿美元）、电气设备与零部件（582.2 亿美元）、机械（450.2 亿美元）、矿物燃料 / 石油（302.4 亿美元）、光学 / 医疗器械（115.5亿美元）。2014 年美国对墨西哥的商品贸易逆差为 538.3 亿美元。

如图 1-22 和 1-23 所示，2009 年美国对墨西哥出口量占 NAFTA 总量的 38.65%，至 2014 年这一数字为 43.5%，5 年间增长了 4.85 个百分点；2009 年美国自墨西哥进口量占 NAFTA 总量的 43.98%，到 2014 年为 45.95%，5 年间增长了 1.97 个百分点；贸易平衡方面，贸易逆差占比从 2009 年的 70.2% 到 2014 年的 61.33%，下降了 8.87个百分点。

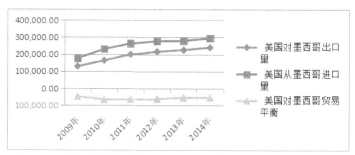

图 1-22 危机后美国对墨西哥商品贸易情况（单位：百万美元）

数据来源：美国国际贸易委员会，http://dataweb.usitc.gov/scripts/Regions.asp。

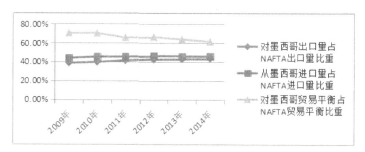

图 1-23 危机后美国对墨西哥商品进出口与贸易平衡占 NAFTA 比重

数据来源：美国国际贸易委员会，http://dataweb.usitc.gov/scripts/Regions.asp。

二、美国与哥伦比亚间自由贸易协定以及与秘鲁、智利间的贸易促进协定

哥伦比亚与秘鲁均为南美安第斯集团成员国，智利虽然退出了安第斯集团但同样与美国签订了双边贸易促进协定（TPA）。根据图 1-24，美国从安第斯集团进口的商品量以及贸易逆差均在 2011 年达到最大值，其中商品进口总量为 834.996 亿美元，

贸易逆差达到 416.927 亿美元；然而这两项指标至 2014 年均有所下降，商品进口量降至 673.239 亿美元，贸易逆差缩减至 162.176 亿美元；与此相反，2009 年之后美国对安第斯集团的商品出口量保持持续增长的势头，至 2014 年，出口总量达到 511.06 亿美元，为历史最大规模。

根据图 1-25，美国对安第斯集团商品出口量在西半球所占比重自 2009 年以后一直保持在 6%—7%，并有平稳增长；商品进口量占西半球比重则保持在 10% 左右，但自 2011 年后呈现逐渐下降趋势，至 2014 年这一数字降至 8.51%；美国对安第斯集团的贸易逆差占西半球逆差总量的比重呈波动性，2011 年与 2013 年分别超过了 40% 的规模，但 2014 年下降至 30.37%，极其接近于 2010 年的最低点 30.11%。

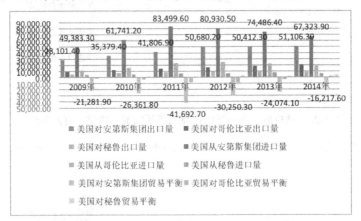

图 1-24　危机后美国对安第斯集团及 FTA/TPA 签约成员国贸易情况（单位：百万美元）

数据来源：美国国际贸易委员会，http://dataweb.usitc.gov/scripts/Regions.asp。

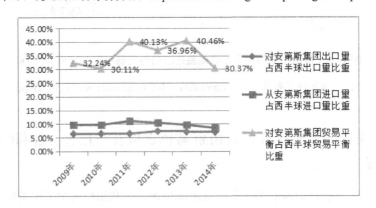

图 1-25　危机后美国对安第斯集团商品进出口与贸易平衡占西半球比重

数据来源：美国国际贸易委员会，http://dataweb.usitc.gov/scripts/Regions.asp。

（一）美国—哥伦比亚贸易促进协定

美国—哥伦比亚贸易促进协定（TPA）于 2006 年 11 月 22 日签署，2012 年 5 月 15 日正式生效。在实施中，美国出口至哥伦比亚的 80% 以上的工业产品得以免除关税，其中包括农产品、建筑设备、建筑产品、飞机及零部件、肥料、信息技术设备、医学与科学设备以及木材。美国出口至哥伦比亚的一半以上的农产品免除了关税，包括小麦、大麦、大豆、优质牛肉以及几乎全部水果蔬菜。

2013 年美国与哥伦比亚商品贸易总量为 400 亿美元，哥伦比亚是美国第 21 大商品贸易伙伴。商品出口总量为 186 亿美元，较 2012 年增长了 13.8%（23 亿美元），较 2011 年增长了 30%。出口量占美国全球出口总量的 1.2%，是美国第 20 大商品出口市场。出口量最大的商品类别有矿物燃料 / 石油（55 亿美元）、机械（27 亿美元）、电机（18 亿美元）、有机化合物（9.87 亿美元）、车辆（7.56 亿美元）；农产品出口总量为 15 亿美元，主要包括小麦（2.28 亿美元）、玉米（1.72 亿美元）、豆粕（1.72 亿美元）、猪肉及其制品（8 800 万美元）。商品进口总量为 216 亿美元，较 2012 年下降了 12.2%（30 亿美元），较 2011 年下降了 6.5%，进口量占美国全球商品进口总量的 1.0%，是美国第 22 大进口商品供应国；进口量最大的商品类别有矿物燃料 / 石油（154 亿美元）、宝石（黄金）（25 亿美元）、香料 / 咖啡 / 茶（9.39 亿美元）、树木 / 植物（6.69 亿美元）、水果 / 坚果（2.61 亿美元）；农产品进口总量为 22 亿美元，主要包括咖啡（未焙烧）（9 亿美元）、婴幼儿营养品（6.69 亿美元）、香蕉（2.56 亿美元）。2013 年美国对哥伦比亚商品贸易逆差为 30 亿美元，较 2012 年下降了 63.6%（5.3 亿美元）。

如图 1-26，2014 年美国对哥伦比亚商品出口量为 203.17 亿美元，出口量最大的商品类别有矿物燃料 / 石油（63.33 亿美元）、机械（18.7 亿美元）、谷物（11.69 亿美元）、电气设备与零部件（10.22 亿美元）、有机化学物（9.29 亿美元）；商品进口量为 182.34 亿美元，进口量最大的商品类别有矿物燃料 / 石油（119.6 亿美元）、贵金属 / 宝石（20.46 亿美元）、咖啡 / 茶 / 香料（11.72 亿美元）、树木 / 植物（6.64 亿美元）；2014 年美国对哥伦比亚商品贸易顺差为 20.82 亿美元，系 2009 年以来首次由逆差转变为顺差。

2009 年美国对哥伦比亚出口商品量占安第斯集团的比重（见图 1-27）为 33.66%，2014 年这一数字为 39.75%，5 年间增长了 6.09 个百分点；2009 年进口量占比为 22.92%，至 2014 年该数字为 27.08%，5 年间增长了 4.16 个百分点。

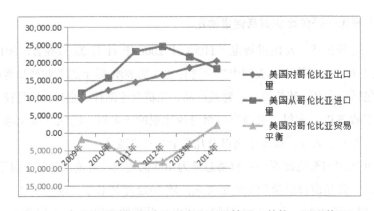

图 1-26　危机后美国与哥伦比亚商品贸易情况（单位：百万美元）

数据来源：美国国际贸易委员会，http://dataweb.usitc.gov/scripts/Regions.asp。

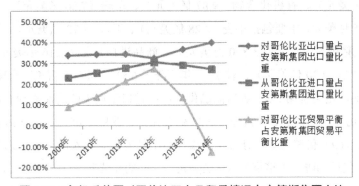

图 1-27　危机后美国对哥伦比亚商品贸易情况在安第斯集团占比

数据来源：美国国际贸易委员会，http://dataweb.usitc.gov/scripts/Regions.asp。

（二）美国—秘鲁贸易促进协定

美国—秘鲁贸易促进协定（TPA）于 2006 年 4 月 12 日签署，2009 年 2 月 1 日正式生效。该协定使得美国出口至秘鲁 80% 的消费品与工业产品免除了关税。其余部分产品关税将于 2019 年之前逐步取消。农产品方面，90% 来自美国的农产品免除关税，其余部分的关税将在 2026 年之前逐步取消。产品必须符合相关的原产地规则才能获得免税资格。

对于美国而言，秘鲁是一个逐年增长的市场。2010 年，秘鲁汇率稳定，通胀率、失业率低，经济以平均 10% 的速度增长。美国—秘鲁的贸易促进协定为美国开发秘鲁这块商业经营宝地提供了一个框架。2010 年，美国对秘鲁出口增长了 37%，主要类别有机械、化工、计算机与电子产品、石油及其产品、运输设备；农产品有鱼类、林产及木材、书籍报纸和食品。

2013 年美国与秘鲁商品贸易总量为 182 亿美元，秘鲁是美国第 36 大商品贸易伙伴。商品出口总额为 101 亿美元，较 2012 年增长了 7.6%（7.11 亿美元），较 2008 年增长了 63%，是美国第 32 大商品出口市场；出口量最大的商品类别有矿物燃料 / 石油（29 亿美元）、电机（7.51 亿美元）、车辆（5.31 亿美元）、塑料（5.28 亿美元）；农产品出口总量为 7.01 亿美元，主要包括小麦（2.06 亿美元）、棉花（1.28 亿美元）、乳制品（6 100 万美元）、玉米（5 200 万美元）。商品进口总额为 81 亿美元，较 2012 年增长了 26.6%（17 亿美元），较 2008 年增长了 40%，是美国第 40 大进口商品供应国；进口量最大的商品类别有宝石（金银）（31 亿美元）、矿物燃料 / 石油（15 亿美元）、针织服装（5.9 亿美元）、蔬菜（3.77 亿美元）、水果 / 坚果（2.71 亿美元）；农产品进口总量为 13 亿美元，主要包括鲜蔬菜（3.27 亿美元）、果蔬加工品（2.69 亿美元）、鲜水果（2.02 亿美元）、咖啡（未焙烧）（1.73 亿美元）。2013 年美国对秘鲁的商品贸易顺差为 19 亿美元，较 2012 年下降了 33.9%（9.94 亿美元）。

2014 年美国对秘鲁的商品出口量为 100.7 亿美元，出口量最大的商品类别有矿物燃料 / 石油（27.38 亿美元）、机械（14.2 亿美元）、谷物（6.23 亿美元）、塑料（4.9 亿美元）、车辆（4.21 亿美元）；商品进口总量 60.8 亿美元，进口量最大的商品类别有矿物燃料 / 石油（12.81 亿美元）、贵金属 / 宝石（10.58 亿美元）、针织 / 纺织服装（5.92 亿美元）、水果 / 坚果（4.66 亿美元）、蔬菜（3.61 亿美元）；2014 年美国对秘鲁的商品贸易顺差为 39.9 亿美元，为历史最高水平。

2009 年美国对秘鲁出口商品量占安第斯集团的比重（见图 1-28、图 1-29）为 17.53%，2014 年这一数字为 19.70 亿美元，5 年间增长了 2.17 个百分点；2009 年进口商品比重为 8.49%，2014 年这一数字为 9.03%，5 年间增长了 0.54 个百分点；2009 年美国对秘鲁的贸易顺差占对安第斯集团总贸易逆差的比重为 3.44%，2014 年该数字为 24.61%，5 年间增长了 21.17 个百分点，可见美国对秘鲁贸易顺差大幅增长。

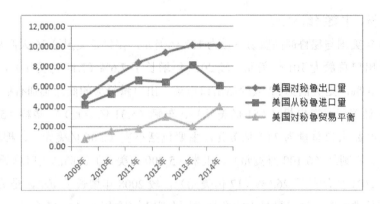

图 1-28　危机后美国对秘鲁商品贸易情况（单位：百万美元）

数据来源：美国国际贸易委员会，http://dataweb.usitc.gov/scripts/Regions.asp。

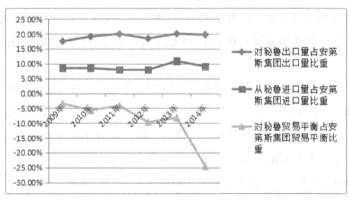

图 1-29　危机后美国对秘鲁商品贸易情况占安第斯集团比重

数据来源：美国国际贸易委员会，http://dataweb.usitc.gov/scripts/Regions.asp。

（三）美国—智利自由贸易协定

美国—智利自由贸易协定在 2004 年生效时规定，美国出口智利的 80% 消费品与工业产品即刻免除关税，其余产品的关税也将很快取消，2015 年达到零关税的水平。但若要成为合格的免税产品，则需要符合相关的原产地规则。自贸协定生效 10 多年以来，美国对智利出口增加了 548%，从 2003 年的 27 亿美元增长到了 2013 年的 176 亿美元。2013 年，智利经济增速为 4.4%，国内通货膨胀率维持在 2% 的水平。

2013 年美国与智利商品贸易总量为 279 亿美元，智利是美国第 29 大贸易伙伴。2013 年商品出口总量为 176 亿美元，较 2012 年下降了 6.3%（12 亿美元），但较2003 年增长了 548%，是美国第 21 大商品出口市场；出口量最大的商品类别有矿物燃料与石油（60 亿美元）、机械设备（27 亿美元）、车辆（15 亿美元）、电机（11 亿美元）、飞机及零部件（8.32 亿美元）；农产品出口总量为 8.91 亿美元，主要包括小麦（1.84 亿美元）、饲料（1.04 亿美元）、禽肉（7200 万美元）、牛肉及其产品（6 900 万美元）。商品进口总量为 104 亿美元，较 2012 年增长了 10.6%（9.92 亿美元），较 2003 年增长了 180%，是美国第 33 大进口商品供应国；进口量最大的商品类别有铜（35 亿美元）、水果 / 坚果（18 亿美元）、鱼和海鲜（13 亿美元）、木材（7.01 亿美元）、橡胶（3.59 亿美元）；农产品进口总量为 29 亿美元，主要包括鲜水果（16 亿美元）、作物种子（4.13 亿美元）、葡萄酒 / 啤酒（3.21 亿美元）、果蔬加工品（2.54 亿美元），是美国第 8 大进口农产品供应国。2013 年美国对智利商品贸易顺差为 72 亿美元，较 2012 年下降了 23.1%（22 亿美元）。

2014 年美国对智利商品出口量为 166.3 亿美元，出口量最大的商品类别有矿物燃料 / 石油（55.99 亿美元）、飞机（16.22 亿美元）、机械（15.93 亿美元）、车辆（10.79 亿美元）；商品进口量为 94.9 亿美元，进口量最大的商品类别有铜及其制品（22.05 亿美元）、水果 / 坚果（17.57 亿美元）、鱼类 / 水产（15.9 亿美元）、木材及其制品（7.42 亿美元）、橡胶及其制品（3.94 亿美元）；2014 年美国对智利商品贸易顺差为 71.4 亿美元。

2009 年美国对智利出口商品量占西半球出口总量的比重（见图 1-30）为 2.11%，2014 年这一数字为 2.26%，5 年间增长了 0.15% 个百分点，较为稳定；2009 年进口商品量占比为 1.17%，2014 年为 1.20%，5 年间仅增长了 0.03 个百分点；但美国对智利贸易顺差在西半球贸易逆差总量中的占比从 2009 年的 5.17% 陡增至 2014 年的 13.37%，5 年间增长了 8.2 个百分点，同样证明了美国在西半球商品贸易中的逆差规模在缩小。

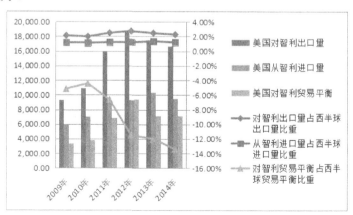

图 1-30 危机后美国对智利商品贸易情况及其占西半球比重（单位：百万美元）

数据来源：美国国际贸易委员会，http://dataweb.usitc.gov/scripts/Regions.asp。

三、美国—多米尼加共和国及中美洲自由贸易协定（CAFTA-DR）

美国—多米尼加共和国及中美洲自由贸易协定（CAFTA-DR）于 2006 年在美国、萨尔瓦多、危地马拉、洪都拉斯和尼加拉瓜五国间正式生效，2007 年开始适用于多米尼加共和国，2009 年适用于哥斯达黎加。当时规定美国出口至 CAFTA-DR 的消费品与工业产品将在 2015 年实现全部免除关税，至 2020 年几乎所有农产品也将实现免税，取得免税资格的产品需符合原产地规则。

2013 年，CAFTA-DR 是美国第 14 大商品出口市场，在拉丁美洲则是位于墨西哥和巴西之后的第三大出口市场。美国对多米尼克共和国和五个中美洲国家的出口总量（见图 1-31、图 1-32、图 1-33）为 295 亿美元，较自贸协定生效之前的 2005 年增长了 74%。自 CAFTA-DR 协定实施以来，美国对该贸易协定签署国出口增长的主要商品有石油产品、机械、电气/电子产品、纺织面料、纯棉纱线、谷物（小麦、大米、玉米）、塑料、汽车、纸制品和医疗器械。

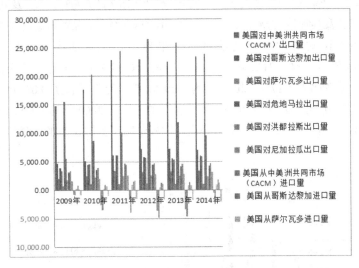

图 1-31　危机后美国对中美洲共同市场（CACM）商品贸易情况（单位：百万美元）

数据来源：美国国际贸易委员会，http://dataweb.usitc.gov/scripts/Regions.asp。

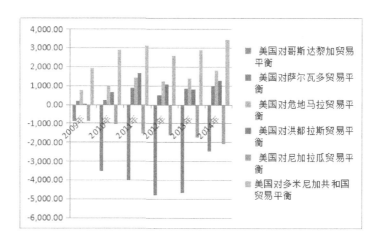

图 1-32 危机后美国对多米尼加共和国及 CACM 五国商品贸易平衡情况

（单位：百万美元）

数据来源：美国国际贸易委员会，http://dataweb.usitc.gov/scripts/Regions.asp。

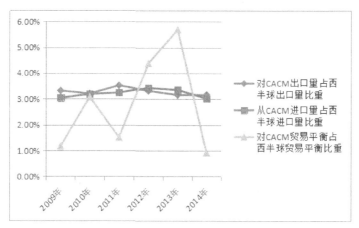

图 1-33 危机后美国对 CACM 商品进出口及贸易平衡占西半球比重

数据来源：美国国际贸易委员会，http://dataweb.usitc.gov/scripts/Regions.asp。

（一）美国—萨尔瓦多自由贸易协定

2013 年美国与萨尔瓦多商品贸易总量为 56 亿美元，萨尔瓦多是美国第 60 大商品贸易伙伴。商品出口总量为 32 亿美元，较 2012 年增长了 2.3%（7 200 万美元），较 2005 年增长了 71%，是美国第 53 大商品出口市场；出口量最大的商品类别有矿物燃料 / 石油（4.97 亿美元），救灾物资（2.76 亿美元），飞机（2.47 亿美元），机械（2.21 亿美元），编织、针织面料（1.92 亿美元）；农产品出口总量为 4.72 亿美元，主要包括大豆粉（7 800 亿美元）、小麦（7 200 亿美元）、玉米（6 000 万美元）、棉花（5 400 万美元）、方便速食（3 800 万美元）。商品进口总量为 24 亿美元，较 2012 年下降了 5.8%（1.5 亿美元），但较 2005 年增长了 23%，是美国第 64 大进口商品供应国；进口量最大的商品类别有针织服装（16 亿美元）、纺织服装（2.73 亿美元）、香料/咖啡/茶（9 100 万美元）、糖（7 900 万美元）；农产品进口总量为 2.51 亿美元，主要包括咖啡（未焙烧）（9 000 万美元）和蔗糖（4 200 万美元）。2013 年美国对萨尔瓦多商品贸易顺差为 7.31 亿美元，较 2012 年增加了 44%（2.22 亿美元）。

2014 年美国对萨尔瓦多商品出口量为 33.47 亿美元，出口量最大的商品类别有矿物燃料/石油（8.23 亿美元）、谷物（2.34 亿美元）、机械（1.61 亿美元）、塑料（1.607 亿美元）；商品进口量为 23.96 亿美元，进口量最大的商品类别有针织服装（16.32 亿美元）、纺织服装（2.71 亿美元）、糖类（8 750 万美元）、电气设备与零部件（5 950 万美元）、咖啡/茶/香料（4 870 万美元）；2014 年美国对萨尔瓦多商品贸易顺差（见图 1-34）为 9.51 亿美元，为历史最高水平。2009 年美国对萨尔瓦多商品出口占 CACM 出口的比重（见图 1-35）为 13.71%，2014 年这一数字为 14.32%，5 年间增长了 0.61 个百分点；2009 年商品进口比重为 11.76%，2014 年这一数字为 10.04%，5 年间增长了 1.72 个百分点。

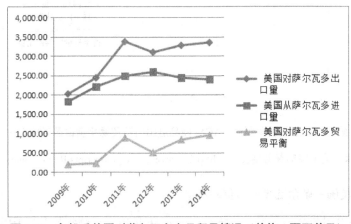

图 1-34　危机后美国对萨尔瓦多商品贸易情况（单位：百万美元）

数据来源：美国国际贸易委员会，http://dataweb.usitc.gov/scripts/Regions.asp。

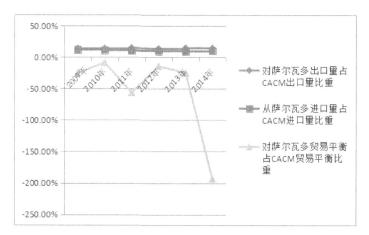

图 1-35　危机后美国对萨尔瓦多商品进出口及贸易顺差占 CACM 比重

数据来源：美国国际贸易委员会，http://dataweb.usitc.gov/scripts/Regions.asp。

（二）美国—危地马拉自由贸易协定

2013 年美国与危地马拉商品贸易总量为 97 亿美元，危地马拉是美国第 49 大商品贸易伙伴。商品出口总量为 55 亿美元，较 2012 年下降了 3.9%（2.27 亿美元），较 2005 年增长了 95%，是美国第 41 大商品出口市场；出口量最大的商品类别有矿物燃料 / 石油（14 亿美元）、机械设备（5.24 亿美元）、救灾物品（4.59 亿美元）、电机（3.57 亿美元）、塑料（2.82 亿美元）；农产品出口总量为 9.46 亿美元，主要包括大豆粉（1.66 亿美元）、小麦（1.5 亿美元）、禽肉（1.05 亿美元）、粗粮（9 200 万美元）。商品进口总量为 42 亿美元，较 2012 年下降了 7.2%（3.23 亿美元），较 2005 年增长了 33%，是美国第 53 大进口商品供应国；进口量最大的商品类别有针织服装（9.88 亿美元）、水果 / 坚果（9.41 亿美元）、宝石（黄金）（4.71 亿美元）、香料 / 咖啡 / 茶（4.2 亿美元）、纺织服装（3.3 亿美元）；农产品进口总量为 18 亿美元，主要包括香蕉（7.29 亿美元）、咖啡（未焙烧）（4.11 亿美元）、鲜水果（1.82 亿美元）、果蔬加工品（1.08 亿美元）。2013 年美国对危地马拉商品贸易顺差为 14 亿美元，较 2012 年增长了 7.6%（9 600 万美元）。

2014 年美国对危地马拉商品出口量为 60.57 亿美元，出口量最大的商品类别有矿物燃料 / 石油（18.86 亿美元）、机械（4.13 亿美元）、谷物（3.35 亿美元）、塑料及其制品（2.56 亿美元）；商品进口量为 42.17 亿美元，进口量最大的商品类别有针织服装（10.58 亿美元）、水果 / 坚果（10.17 亿美元）、贵金属 / 宝石（3.98 亿美元）、咖啡 / 茶 / 香料（3.68 亿美元）、纺织服装（2.87 亿美元）；2014 年美国对危地马拉商品贸易顺差（见图 1-36）为 18.4 亿美元，达到历史最高水平。2009 年美国对危地马拉商品出口量占 CACM 的比重（见图 1-37）为 26.49%，2014 年这一数字为 25.91%，5 年间增长了 0.58 个百分点；2009 年商品进口比重为 20.25%，2014 年这一数字为 17.67%，5 年间增长了 2.58 个百分点。

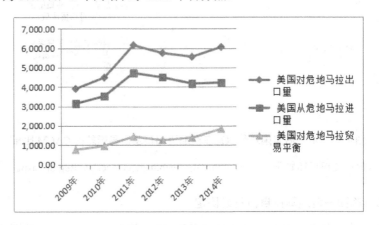

图 1-36　危机后美国对危地马拉商品贸易情况（单位：百万美元）

数据来源：美国国际贸易委员会，http://dataweb.usitc.gov/scripts/Regions.asp。

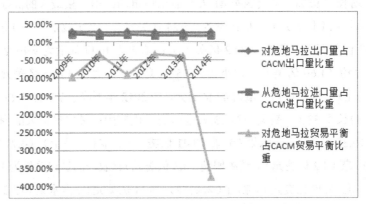

图 1-37　危机后美国对危地马拉商品进出口及贸易顺差占 CACM 比重

数据来源：美国国际贸易委员会，http://dataweb.usitc.gov/scripts/Regions.asp。

（三）美国—洪都拉斯自由贸易协定

2013 年美国与洪都拉斯商品贸易总量为 98 亿美元，洪都拉斯是美国第 48 大商品贸易伙伴。商品出口总量为 53 亿美元，较 2012 年下降了 7.8%（4.44 亿美元），较 2005 年增长了 62%，是美国第 42 大商品出口市场；出口量最大的商品类别有矿物燃料 / 石油（14 亿美元）、纺织品（6.09 亿美元）、电机（4.38 亿美元）、人造纤维（3.33 亿美元）；农产品出口总量为 5.76 亿美元，主要包括大豆粉（9 100 万美元）、小麦（8 000 万美元）、玉米（6 500 万美元）、猪肉及其制品（5 300 万美元）。商品进口总量为 45 亿美元，较 2012 年减少了 2.3%（1.05 亿美元），较 2005 年增长了 21%，是美国第 51 大进口商品供应国；进口量最大的商品类别有针织服装（21 亿美元）、电机（6.17 亿美元）、纺织服装（5.23 亿美元）、水果 / 坚果（2.8 亿美元）、宝石（黄金）（1.99 亿美元）；农产品进口总量为 5.72 亿美元，主要包括香蕉（2.22 亿美元）、咖啡（未焙烧）（1.59 亿美元）、鲜水果（5 700 万美元）。2013 年美国对洪都拉斯商品贸易顺差为 7.35 亿美元，较 2012 年减少了 31.6%（3.4 亿美元）。

2014 年美国对洪都拉斯商品出口量为 59.32 亿美元，出口量最大的商品类别有矿物燃料 / 石油（17.98 亿美元）、棉花原料及织物（7.05 亿美元）、人造纤维及其织物（3.93 亿美元）、电气设备与零部件（3.13 亿美元）；商品进口量为 46.43 亿美元，进口量最大的商品类别有针织服装（21.5 亿美元）、电气设备与零部件（5.63 亿美元）、纺织服装（5.25 亿美元）、水果 / 坚果（2.83 亿美元）、咖啡 / 茶 / 香料（2.01 亿美元）；2014 年美国对洪都拉斯商品贸易顺差（见图 1-38）为 12.89 亿美元，较 2013 年有所回升。而 2009 年美国对洪都拉斯商品出口量占 CACM 的比重（见图 1-39）为 22.98%，2014 年为 25.38%，5 年间增长了 2.4 个百分点；2009 年进口量比重为 21.45%，2014 年为 19.45%，5 年间下降了 2 个百分点。

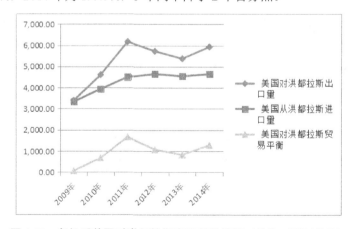

图 1-38　危机后美国对洪都拉斯商品贸易情况（单位：百万美元）

数据来源：美国国际贸易委员会，http://dataweb.usitc.gov/scripts/Regions.asp。

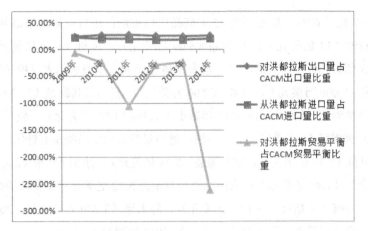

图 1-39　危机后美国对洪都拉斯商品进出口及贸易顺差占 CACM 比重

数据来源：美国国际贸易委员会，http://dataweb.usitc.gov/scripts/Regions.asp。

（四）美国—尼加拉瓜自由贸易协定

2013 年美国与尼加拉瓜商品贸易总量为 39 亿美元，尼加拉瓜是美国第 65 大商品贸易伙伴。商品出口总量为 11 亿美元，较 2012 年下降了 6.3%（7 100 万美元），较 2005 年增长了 69%，是美国第 76 大商品出口市场；出口量最大的商品类别有机械（1.95 亿美元）、救灾物资（1.08 亿美元）、电机（6 900 万美元），谷物（5 100 万美元）、光学 / 医疗器械（5 000 万美元）；农产品出口量为 1.99 亿美元，主要包括大豆粉（3 800 万美元）、小麦（3 200 万美元）、大豆油（3 100 万美元）、玉米（1 300 万美元）。商品进口总量为 28 亿美元，较 2012 年增长了 2.0%（5 600 万美元），较 2005 年增长了 138%，是美国第 59 大进口商品供应国；进口量最大的商品类别有针织服装（10 亿美元）、电机（4.83 亿美元），纺织服装（3.97 亿美元）、宝石（黄金）（1.7 亿美元）、香料 / 咖啡 / 茶（1.65 亿美元）；农产品进口总量为 4.05 亿美元，主要包括咖啡（未焙烧）（1.63 亿美元）、红肉 / 鲜肉 / 冻肉（1.27 亿美元）。2013 年美国对尼加拉瓜商品贸易逆差为 17 亿美元，较 2012 年增长了 7.9%（1.28 亿美元）。

2014 年美国对尼加拉瓜商品出口量为 10.14 亿美元，出口量最大的商品类别有机械（1.24 亿美元）、电气设备及零部件（4 770 万美元）、动植物油脂（4 540 万美元）、车辆（4 330 万美元）；商品进口总量为 31.04 亿美元，进口量最大的商品类别有针织服装（10.84 亿美元）、电气设备与零部件（4.79 亿美元）、纺织服装（4.28 亿美元）、肉食（2.3 亿美元）、咖啡 / 茶 / 香料（2.3 亿美元）；2014 年美国对尼加拉瓜商品贸易逆差（见图 1-40）为 20.9 亿美元，达到历史最高水平。而 2009

年美国对尼加拉瓜商品出口量占 CACM 的比重（见图 1-41）为 4.86%，2014 年为 4.34%，5 年间下降了了 0.52 个百分点；2009 年商品出口占比为 10.40%，2014 年为 13.01%，5 年间增长了 2.61 个百分点。

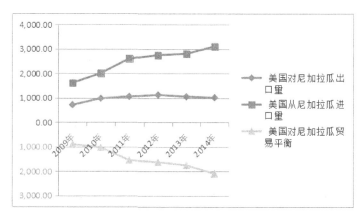

图 1-40　危机后美国对尼加拉瓜商品贸易情况（单位：百万美元）

数据来源：美国国际贸易委员会，http://dataweb.usitc.gov/scripts/Regions.asp。

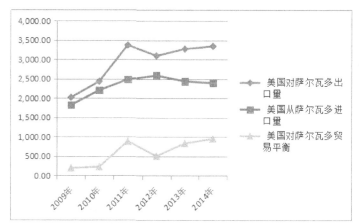

图 1-41　危机后美国对尼加拉瓜商品进出口及贸易逆差占 CACM 比重

数据来源：美国国际贸易委员会，http://dataweb.usitc.gov/scripts/Regions.asp。

（五）美国—多米尼加共和国自由贸易协定

2013 年，美国与多米尼加共和国商品贸易总量为 115 亿美元，多米尼加共和国是美国第 44 大商品贸易伙伴。商品出口总量为 72 亿美元，较 2012 年增长了 3.2%（2.23 亿美元），较 2005 年增长了 34.5%，是美国第 38 大商品出口市场；出口量最大的商品类别有矿物燃料／石油（14亿美元）、电机（5.88亿美元）、机械设备（5.34亿美元）、救灾物资（4.99亿美元）、塑料（4.19亿美元）；农产品出口总量为11亿美元，主要包括大豆粉（1.74亿美元）、小麦（1.53亿美元）、烟草（9 700万美元）、乳制品（8 800万美元）。商品进口总量为43亿美元，较2012年下降了2.5%（1.09亿美元），较2006年下降了6%，是美国第52大进口商品供应国；进口量最大的商品类别有光学／医疗器械（7.22亿美元）、烟草（4.96亿美元）、电机（4.82亿美元）、针织服装（3.73亿美元）、宝石（珠宝）（3.58亿美元）；农产品进口总量为3.54亿美元，主要包括蔗糖（5 600万美元）、可可豆（5 300万美元）、鲜蔬菜（4 700万美元）。2013年美国对多米尼加共和国商品贸易顺差为29亿美元，较2012年增长了12.7%（3.32亿美元）

2014年美国对多米尼加共和国商品出口总量为79.55亿美元，出口量最大的商品类别有矿物燃料／石油（15.75亿美元）、电气设备与零部件（5.05亿美元）、塑料及其制品（4.72亿美元）、机械（4.16亿美元）、车辆（3.48亿美元）；商品进口总量为45.19亿美元，进口量最大的商品类别有光学／医疗设备（8.16亿美元）、烟草（5.31亿美元）、电气设备与零部件（4.78亿美元）、纺织服装（4.28亿美元）、贵金属／宝石（3.4亿美元）；2014年美国对多米尼加共和国商品贸易顺差（见图1-42）为34.36亿美元，为历史最高水平。2009年美国对多米尼加共和国商品出口量占CACM-DR的比重（见图1-43）为26.36%，2014年为25.39%，5年间下降了0.97个百分点；2009年商品进口量比重为17.68%，2014年为15.92%，5年间下降了1.76个百分点。

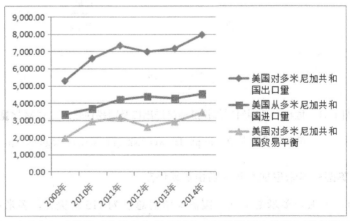

图1-42 危机后美国对多米尼加共和国商品贸易情况（单位：百万美元）

数据来源：美国国际贸易委员会，http://dataweb.usitc.gov/scripts/Regions.asp。

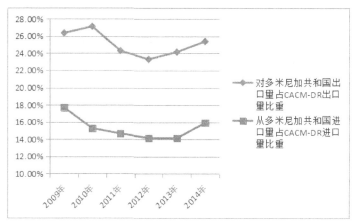

图 1-43　危机后美国对多米尼加共和国商品进出口及贸易顺差占 CACM-DR 比重

数据来源：美国国际贸易委员会，http://dataweb.usitc.gov/scripts/Regions.asp。

（六）美国—哥斯达黎加自由贸易协定

2013 年美国与哥斯达黎加商品贸易总量为 191 亿美元，哥斯达黎加是美国第 32 大商品贸易伙伴。商品出口总量为 72 亿美元，与 2012 年持平，较 2008 年增长了 27%，是美国第 37 大商品出口市场；出口量最大的商品类别有矿物燃料 / 石油（20 亿美元）、电机（17 亿美元）、机械设备（5.63 亿美元）、塑料（4.26 亿美元）、光学 / 医疗器械（3.66 亿美元）；农产品出口总量为 4.84 亿美元，主要包括大豆（5 900 亿美元）、玉米（5 300 亿美元）、小麦（4 400 万美元）、方便速食（2 700 万美元）。商品进口总量为 119 亿美元，较 2012 年减少 1.1%（1.36 亿美元），较 2008 年增加了 202%，是美国第 29 大进口商品供应国；进口量最大的商品类别有电机（80 亿美元）、光学 / 医疗器械（11 亿美元）、水果 / 坚果（8.96 亿美元）、救灾物资（2.72 亿美元）、香料 / 咖啡 / 茶（2.04 亿美元）；农产品进口总量为 15 亿美元，主要包括鲜水果（香蕉除外）（4.97 亿美元）、香蕉（3.75 亿美元）、咖啡（未焙烧）（1.97 亿美元）。2013 年美国对哥斯达黎加商品贸易逆差为 47 亿美元，较 2012 年下降了 2.8%（1.35 亿美元）。

2014 年美国对哥斯达黎加商品出口量为 70.26 亿美元，出口量最大的商品类别有矿物燃料 / 石油（19.69 亿美元）、电气设备与零部件（7.93 亿美元）、塑料及其制品（4.54 亿美元）、机械（3.86 亿美元）、飞机（3.44 亿美元）；商品进口量为 95.08 亿美元，进口量最大商品类别有电气设备与零部件（57.43 亿美元）、光学 / 医疗设备（12.69 亿美元）、水果 / 坚果（10.12 亿美元）、咖啡 / 茶 / 香料（1.89 亿美元）、塑料及其制品（1.23 亿美元）；2014 年美国对哥斯达黎加商品贸易逆差（见

图 1-44）为 24.81 亿美元，较 2013 年有所缩减。2009 年美国对哥斯达黎加商品出口量占 CACM 的比重（见图 1-45）为 31.95%，2014 年为 30.06%，5 年间下降了 1.89个百分点；2009 年商品进口量比重为 36.15%，2014 年为 39.83%，5 年间增长了 3.68个百分点。

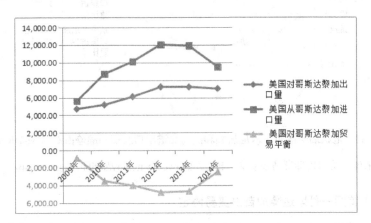

图 1-44　危机后美国对哥斯达黎加商品贸易情况（单位：百万美元）

数据来源：美国国际贸易委员会，http://dataweb.usitc.gov/scripts/Regions.asp。

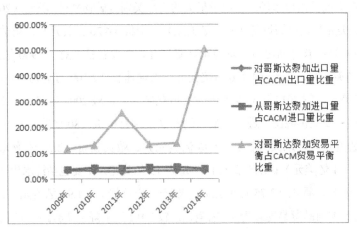

图 1-45　危机后美国对哥斯达黎加商品进出口及贸易逆差占 CACM 比重

数据来源：美国国际贸易委员会，http://dataweb.usitc.gov/scripts/Regions.asp。

四、美国—巴拿马贸易促进协定（TPA）

美国—巴拿马贸易促进协定（TPA）于 2007 年 6 月 28 日签署，并于 2012 年 10

月 31 日正式生效。美国超过 87% 出口至巴拿马的工业产品，包括信息技术设备、农产品、建筑设备、飞机及零部件、医学与科学设备、环保产品、医药、化肥、农药得以免除关税。超过一半的农产品包括优质牛肉、速冻火鸡、高粱、大豆、豆粕、大豆 / 玉米油以及几乎全部水果和蔬菜免除了关税。

2013 年美国与巴拿马商品贸易总量为 112 亿美元，巴拿马是美国第 45 大商品贸易伙伴。商品出口总量为 108 亿美元，较 2012 年增长了 9.6%（9.47 亿美元），较 2003 年增长了 483%，是美国第 29 大商品出口市场；出口量最大的商品类别有矿物燃料 / 石油（59 亿美元）、机械（7.11 亿美元）、电机（5.23 亿美元）、钢铁产品（3.86 亿美元）；农产品出口总量为 6.4 亿美元，主要包括大豆粉（9 900 万美元）、玉米（5 900 万美元）、乳制品（5 000 万美元）、小麦（4 200 万美元）。商品进口总量为 4.49 亿美元，较 2012 年下降了 16.9%（9 200 万美元），较 2003 年增长了 49%，是美国第 93 大进口商品供应国；进口量最大的商品类别有鱼和海鲜（1.02 亿美元）、宝石（黄金）（6 000 万美元）、电机（1 900 万美元）、糖（甘蔗）（1 800 万美元）；农产品进口总量为 4 000 万美元，主要包括甜菜 / 蔗糖（1 800 万美元）、咖啡（未焙烧）（700 万美元）。2013 年美国对巴拿马商品贸易顺差为 103 亿美元，较 2012 年增长了 11.2%（10 亿美元）。

第三节　美国全球自贸体系结构的"两翼"——中东地区战略性贸易

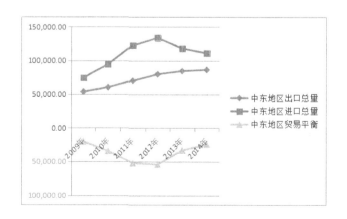

图 1-46　危机后美国对中东地区商品贸易情况（单位：百万美元）

数据来源：美国国际贸易委员会，http://dataweb.usitc.gov/scripts/Regions.asp。

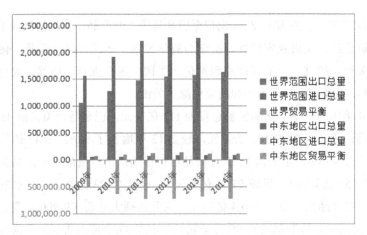

图 1-47　危机后美国全球及对中东地区商品贸易情况（单位：百万美元）

数据来源：美国国际贸易委员会，http://dataweb.usitc.gov/scripts/Regions.asp。

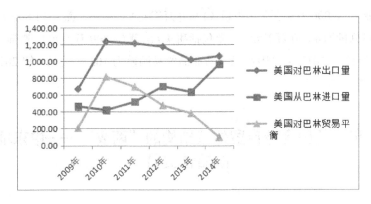

图 1-48　危机后美国对中东地区商品进出口及贸易平衡占全球比重

数据来源：美国国际贸易委员会，http://dataweb.usitc.gov/scripts/Regions.asp。

一、美国—巴林自由贸易协定

美国—巴林自由贸易协定谈判于 2004 年 1 月 26 日在巴林首都麦纳麦进行，同年 5 月 27 日谈判完成，9 月 14 日美巴双方签署了自由贸易协定，2006 年 8 月 1 日协定正式生效。巴林是美国在阿拉伯半岛的第一个自由贸易协定伙伴国，也是美国自由贸易伙伴国中，继约旦与摩洛哥之后的第三个阿拉伯国家。巴林国内服务业占 GDP 近 50%，这为美国企业提供了大量的商业机遇。巴林拥有非常先进的银行业，也因此被视作中东地区的金融中心。

2013 年巴林成为美国第 87 大商品贸易伙伴、第 78 大商品出口市场和第 86 大进口商品供应国。贸易总量为 17 亿美元，其中美国对巴林商品出口总量为 10 亿美元，较 2012 年下降 15.9%（1.93 亿美元），但较 2003 年增长了 100%；出口量最大的商品类别有车辆（2.67 亿美元）、机械类（1.75 亿美元）、机电类（5 100 万美元）、飞机（4 400 万美元）。农产品出口总量为 7 800 万美元，主要包括乳制品（2 700 万美元）、禽肉（800 万美元）、牛肉及其制品（700 万美元）。进口总量为 6.35 亿美元，较 2012 年降低了 9.4%（6 600 万美元），较 2003 年增长了 68%。进口量最大的商品类别有铝（1.81 亿美元）、纺织服装（1.07 亿美元）、矿物燃料（9 500 万美元）、肥料（9 100 万美元）、其他纺织品（6 400 万美元）。农产品进口总量为 60 万美元。2013 年美国对巴林贸易顺差为 3.83 亿美元，比 2012 年下降了 24.9%（1.27 亿美元）。

2014 年美国对巴林商品出口总量为 10.6 亿美元，出口量最大的商品类别有车辆（2.55 亿美元）、机械（1.24 亿美元）、飞机（1.11 亿美元）、电气设备与零部件（4 200 万美元）；商品进口总量为 9.65 亿美元，为 2009 年以来最大进口规模，进口量最大的商品类别有铝及其制品（2.54 亿美元）、矿物燃料 / 石油（1.65 亿美元）、化肥（1.5 亿美元）、纺织服装（1.06 亿美元）、人造纺织品（7 600 万美元）；2014 年美国对巴林商品贸易顺差（见图 1-49）为 9 500 万美元，为 2009 年以来最低水平。而 2009 年美国对巴林商品出口量占中东的比重（见图 1-50）为 1.25%，2010年达到了最高，占比 2.06%，2014 年为 1.23%，几乎与 5 年前持平；2009 年商品进口量为 0.63%，2014 年为 0.87%，5 年间增长了 0.24 个百分点。

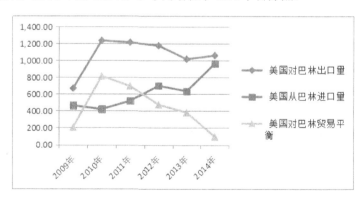

图 1-49　危机后美国对巴林商品贸易情况（单位：百万美元）

数据来源：美国国际贸易委员会 http://dataweb.usitc.gov/scripts/Regions.asp。

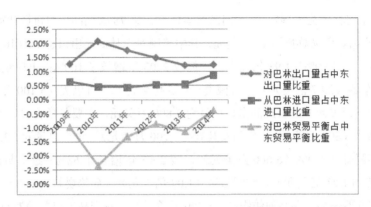

图 1-50　危机后美国对巴林商品进出口及贸易顺差占中东地区比重

数据来源：美国国际贸易委员会，http://dataweb.usitc.gov/scripts/Regions.asp。

二、美国—以色列自由贸易协定

美国—以色列自由贸易协定于 1995 年 1 月 1 日生效，并取消了制成品关税，这是美国首个签订生效的自由贸易协定。1996 年，美以双方签署了一项关于农产品贸易中先进产品与技术的协议（ATAP），2001 年两国逐步确立了稳固的食品与农产品市场准入自由化，其影响延续至今。美以自贸协定包括一个非约束性的意向声明，取消了旅游、通讯、银行、保险、管理咨询、会计、法律、计算机服务、广告等行业的服务贸易壁垒。2010 年美国对以色列的出口总量从 1985 年的 25 亿美元增长到 113 亿美元，主要出口行业有贵金属、机电、机械、飞机、医疗器械与车辆。

2009 年美国出口至以色列的商品总额为 93 亿美元，下降了 36%；而进口为 183 亿美元，下降了 18%。2012 年美以双边贸易总额为 450 亿美元，其中出口 180 亿美元，进口 270 亿美元，美国对以色列商品与服务贸易逆差为 90 亿美元。

2013 年以色列成为美国第 25 大商品贸易伙伴，贸易总额为 360 亿美元。商品出口总量为 137 亿美元，较 2012 年下降了 3.7%（5.3 亿美元），但较 2002 年增长了99%，较 1984 年增长了 526%；以色列作为美国第 23 大商品出口市场，美国对其商品出口量最大的商品类别有宝石（钻石）（58 亿美元）、机电（16 亿美元）、机械设备（10 亿美元）、飞机（8.23 亿美元）、光学 / 医疗器械（6.66 亿美元）；农产品出口总量为 6.27 亿美元，主要包括坚果（8 900 万美元）、大豆（8 300 万美元）和小麦（6 100 万美元）。进口总量为 227 亿美元，较 2012 年增长 2.5%（5.46 亿美元），较 2003 年增长 78%，较 1984 年增长 1195%，成为美国第 21 大进口商品供应国；进口量最大的商品类别有宝石（钻石）（90 亿美元）、医药产品（54 亿美元）、机电（14 亿美元）、机械（14 亿美元）、光学 / 医疗器械（13 亿美元）；农产品进口总量为 3.27 亿美元，主要包括零食（5 400 万美元）和农作物种子（3 500 万美元）。2013 年美国对以色列贸易逆差为 90 亿美元。

　　2014 年美国对以色列商品出口总量为 150.74 亿美元，出口量最大的商品类别有电气设备与零部件（15.69 亿美元）、飞机（9.74 亿美元）、机械（9.38 亿美元）、矿物燃料 / 石油（4.64 亿美元）、光学 / 医疗器械（4.62 亿美元）；商品进口总量为 230.51 亿美元，进口量最大的商品类别有贵金属 / 珠宝（94.34 亿美元）、医药（45.54 亿美元）、电气设备与零部件（15.14 亿美元）、机械（14.6 亿美元）、光学 / 医疗设备（13.7 亿美元）；2014 年美国对以色列商品贸易逆差（见图 1-51）为 79.77 亿美元，商品进出口与贸易逆差规模均达到 2009 年以来的最高水平。2009 年美国对以色列商品出口量占中东的比重（见图 1-52）为 17.91%，2014 年为 17.46%，5 年间下降了 0.45% 个百分点；2009 年商品进口量比重为 25.3%，2014 年为 20.79%，5 年间下降了 4.51 个百分点。

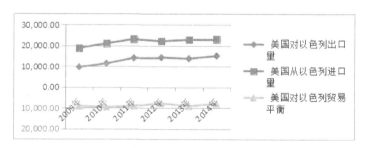

图 1-51　危机后美国对以色列商品贸易情况（单位：百万美元）

数据来源：美国国际贸易委员会，http://dataweb.usitc.gov/scripts/Regions.asp。

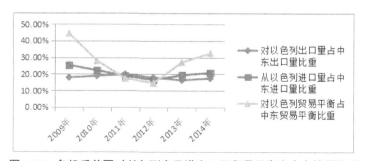

图 1-52　危机后美国对以色列商品进出口及贸易平衡占中东地区比重

数据来源：美国国际贸易委员会，http://dataweb.usitc.gov/scripts/Regions.asp。

三、美国—约旦自由贸易协定

美国与约旦于 2000 年 10 月 24 日签订了自由贸易协定，并于 2001 年 12 月 17 日生效，该自贸协定意在最终取消双边商品与服务贸易的商业壁垒。该自贸协定是美国首次与阿拉伯国家签订的自由贸易协定，也是第一次在文本中包含了处理贸易与环境（第 5 条）、贸易与劳工（第 6 条）、贸易与电子商务（第 7 条）之间问题的有关规定。另外还有关于处理知识产权保护（第 4 条）、国际收支平衡（11 条）、原产地准则（第 14 条）、程序性事项（第 16 和 17 条）等问题的规定。由于美国和以色列双方间签有双边投资协议在先，所以美国与约旦之间的自贸协定未包含投资内容。

2013 年约旦成为美国第 68 大商品贸易伙伴，贸易总量为 33 亿美元。商品出口总量 21 亿美元，较 2012 年增长了 18.2%（3.21 亿美元），较 2003 年增长了 324%，成为美国第 59 大商品出口市场；出口量最大的商品类别有车辆（6.71 亿美元）、矿物燃料（3.96 亿美元）、飞机（1.67 亿美元）、机械（1.39 亿美元）；农产品出口总量为 2.56 亿美元，主要包括大米（6 400 万美元）、禽肉（4 700 万美元）、坚果（3 000 万美元）。商品进口总量为 12 亿美元，较 2012 年增长了 3.6%（4 100 万美元），较 2003 年增长了 78%；约旦作为美国第 73 大进口商品供应国，进口量最大的商品类别有针织服装（6.91 亿美元）、纺织服装（3.52 亿美元）、宝石/珠宝（7 000 万美元）、其他纺织品（2 500 万美元）、药物（2 000 万美元）；农产品进口总量为 1 000 万美元。2013 年美国对约旦贸易顺差为 8.9 亿美元，比 2012 年增长了 45.8%（2.79 亿美元）。

2014 年美国对约旦商品出口总量为 20.52 亿美元，出口量最大的商品类别有飞机（7.58 亿美元）、车辆（3.92 亿美元）、机械（1.22 亿美元）、电气设备与零部件（8 540 万美元）、谷物（7 150 万美元）；商品进口总量为 13.57 亿美元，进口量最大的商品类别有针织服装（8.24 亿美元）、纺织服装（3.12 亿美元）、贵金属/宝石（9 180 万美元）、人造纺织品（1 890 万美元）；2014 年美国对约旦商品贸易顺差（见图 1-53）为 69.45 亿美元，较 2013 年有所下降。而 2009 年美国对约旦商品出口量占中东地区比重（见图 1-54）为 2.23%，2014 年为 2.38%，5 年间增长了 0.15 个百分点；2009 年商品进口比重为 1.25%，2014 年为 1.22%，5 年间下降了 0.03 个百分点，基本维持稳定。

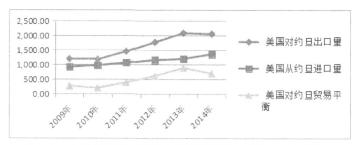

图 1-53　危机后美国对约旦商品贸易情况（单位：百万美元）

数据来源：美国国际贸易委员会，http://dataweb.usitc.gov/scripts/Regions.asp。

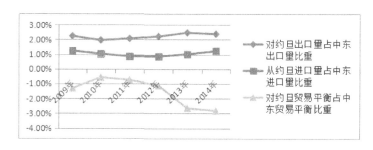

图 1-54　危机后美国对约旦商品进出口及贸易顺差占中东地区比重

数据来源：美国国际贸易委员会，http://dataweb.usitc.gov/scripts/Regions.asp。

四、美国—摩洛哥自由贸易协定

美国与摩洛哥在 2004 年 6 月 15 日签署了自由贸易协定，并于 2006 年 1 月 1 日生效，其签署使得出口至摩洛哥 95% 的美国消费品与工业产品免除关税。其余部分商品的关税将在 2024 年之前全部取消。该自贸协定还扩展了 1985 年签署的双边投资协议中已经给予美国投资者的政策优惠，自贸协定下的所有形式的投资均受到保护。此外，自贸协定签订的好处还在于，摩洛哥在过去的十几年间，经济以越来越快的速度稳步增长，汇率稳定、通胀率低、失业率温和，2010 年摩洛哥经济增速为 4%。2010 年，美国对摩洛哥的出口值从 2005 年的 4.81 亿美元增长到 19.5 亿美元。这转换成了摩洛哥 12.6 亿美元的贸易顺差，比 2005 年的顺差规模增加了 3.5 亿美元。

2010 年，美国对摩洛哥出口增长了 19%，废物废料、服装制造、电气设备、非金属矿产等行业增速最快，出口总量最大的行业则有矿物燃料、飞机与航天器、油脂、食品废料、谷物。2011 年，美国对摩洛哥商品贸易顺差从 2005 年的 7.9 亿美元增长到 18 亿美元，摩洛哥成为美国第 55 大货物出口市场，出口达到 28 亿美元，较 2010

年增长 45%；进口为 9.96 亿美元，也增长了 45%。

2013 年摩洛哥成为美国第 69 大商品贸易伙伴，贸易总量为 33 亿美元。商品出口总额为 23 亿美元，较 2012 年增长了 6%（1.3 亿美元），比 2003 年增长了 392%，成为美国第 57 大商品出口市场；出口量最大的商品类别有矿物燃料（11 亿美元）、飞机（2.25 亿美元）、食品废料（大豆残留物）（1.65 亿美元）、机械设备（1.47 亿美元）、乳制品 / 禽蛋 / 蜂蜜等（1.19 亿美元）；农产品出口总量为 4.41 亿美元，主要包括乳制品（1.19 亿美元）、豆粕（1.12 亿美元）、棉花（4 400 万美元）。商品进口总额为 9.77 亿美元，较 2012 年增长了 4.8%（4 500 万美元），较 2003 年增长了 154%；摩洛哥作为美国第 80 大进口商品供应国，进口量最大的商品类别有化肥（2.55 亿美元）、盐 / 硫 / 土石（2.32 亿美元）、机电（1.14 亿美元）、纺织服装（9 000 万美元）、速食鱼 / 肉（4 300 万美元）；农产品出口总量为 1.29 亿美元，主要包括果蔬加工品（4 300 万美元）和新鲜水果（2 900 万美元）。2013 年美国对摩洛哥的贸易顺差为 13 亿美元，较 2012 年增长了 6.8%（8 500 万美元）。

2014 年美国对摩洛哥商品出口总量为 20.68 亿美元，出口量最大的商品类别有矿物燃料 / 石油（10.53 亿美元）、机械（1.21 亿美元）、乳制品（9 670 万美元）、食品废料 / 饲料（9 070 万美元）、谷物（5 450 万美元）；商品进口总量为 9.91 亿美元，进口量最大的商品类别有化肥（2.77 亿美元）、盐 / 稀土 / 石灰（1.3 亿美元）、电气设备与零部件（1.26 亿美元）、纺织服装（1.03 亿美元）、水果 / 坚果（7 540 万美元）；2014 年美国对摩洛哥的商品贸易顺差（见图 1-55）为 10.77 亿美元，较 2013 年有所下降。而 2009 年美国对摩洛哥的商品出口量占中东地区的比重（见图 1-56）为 3.01%，2014 年为 2.40%，5 年间下降了 0.61 个百分点；2009 年商品进口量比重为 0.63%，2014 年为 0.89%，5 年间增长了 0.26 个百分点。

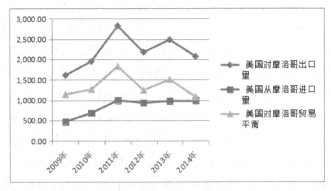

图 1-55　危机后美国对摩洛哥商品贸易情况（单位：百万美元）

数据来源：美国国际贸易委员会，http://dataweb.usitc.gov/scripts/Regions.asp。

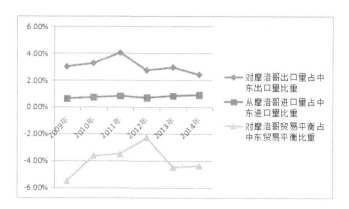

图 1-56　危机后美国对摩洛哥商品进出口及贸易顺差占中东地区比重

数据来源：美国国际贸易委员会，http://dataweb.usitc.gov/scripts/Regions.asp。

五、美国—阿曼自由贸易协定

美国—阿曼自贸协定于 2009 年 1 月 1 日生效，是促进美国与阿曼之间持续的经济接触，增加美国农民、制造商和服务提供商的开放性机遇，并改善美国与关键盟友之间经济关系的重要工具。该自贸协定通过取消大多数关税与非关税壁垒，进而刺激美国与阿曼之间的商品与服务贸易。在市场准入规定下，双方为彼此几乎全部消费品与工业产品以及 87% 的农业产品提供直接的免税渠道，并同意在 10 年内取消其余商品的全部关税。

2010 年，美国对阿曼出口总额达为 11 亿美元，主要以车辆、机械、机电类商品为主，而有机化学、光学 / 医疗器械、塑料和钢铁产品出口出现增长。2013 年，阿曼成为美国第 73 大商品贸易伙伴，贸易总量为 25 亿美元。商品出口总额为 15 亿美元，较 2012 年下降了 13.9%（2.43 亿美元），是美国第 70 大商品出口市场；出口量最大的商品类别有车辆（4.48 亿美元）、机械（3.66 亿美元），机电（1.34 亿美元）、光学 / 医疗器械（7 800 万美元）；农产品出口总量为 5 700 万美元，主要包括禽肉（1 500 万美元）与植物油（1 000 万美元）。商品进口总额为 10 亿美元，较 2012 年下降了 24.5%（3.32 亿美元），是美国第 78 大进口商品供应国；进口量最大的商品类别有塑料（3.11 亿美元）、肥料（2.39 亿美元）、宝石 / 珠宝（2.32 亿美元）、矿物燃料（9 800 万美元）、钢铁制品（8 700 万美元）；农产品进口总量为 200 万美元。2013 年美国对阿曼的商品贸易逆差为 4.82 亿美元，较 2012 年增长了 8 900 万美元。

　　2014 年美国对阿曼商品出口总量为 20.14 亿美元，出口量最大的商品类别有飞机（5.03 亿美元）、车辆（3.68 亿美元）、机械（3.57 亿美元）、电气设备与零部件（1.01 亿美元）、贵金属 / 宝石（9 810 万美元）；商品进口总量为 9.75 亿美元，进口量最大的商品类别有塑料及其制品（3.64 亿美元）、贵金属 / 宝石（2.31 亿美元）、化肥（1.94 亿美元）、钢铁（1.22 亿美元）；2014 年美国对阿曼商品贸易顺差（见图 1-57）为 10.39 亿美元，达到了历史最高水平。而 2009 年美国对阿曼商品出口量占中东地区比重（见图 1-58）为 2.04%，2014 年为 2.33%，5 年间增长了 0.29 个百分点；2009 年商品进口量比重为 1.23%，2014 年为 0.88%，5 年间下降了 0.35 个百分点。

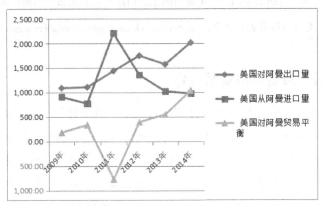

图 1-57　危机后美国对阿曼商品贸易情况（单位：百万美元）

数据来源：美国国际贸易委员会，http://dataweb.usitc.gov/scripts/Regions.asp。

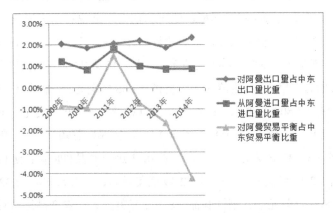

图 1-58　危机后美国对阿曼商品进出口及贸易顺差占中东地区比重

数据来源：美国国际贸易委员会，http://dataweb.usitc.gov/scripts/Regions.asp。

第四节　美国全球自贸体系结构的"两翼"——东亚、太平洋地区的贸易支点

一、美国—澳大利亚自由贸易协定（AUSFTA）

美国—澳大利亚自由贸易协定于 2005 年 1 月 1 日正式生效，美澳双边贸易额 2009 年达到了 267 亿美元，比 2004 年增长了 23%。2009 年美国货物出口 189 亿美元，较 2004 年增长了 33%，货物进口则为 78 亿美元，比 2004 年增长 3.5%。根据图 1-59，2010 年美国对澳大利亚出口增长 11%，采矿业、有机农产品以及摩托车行业在澳大利亚增长最快。

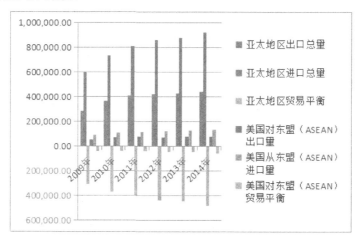

图 1-59　危机后美国对亚太地区商品贸易情况（单位：百万美元）

数据来源：美国国际贸易委员会，http://dataweb.usitc.gov/scripts/Regions.asp。

美澳签订自由贸易协定的结果是，美国出口至澳大利亚的制成品超过 99% 以上的关税细目的平均 4.3% 的关税率得以取消。这部分货物占美国在澳大利亚市场上货物销售总额的 93%。全部关税的最终废除将为美国制造商创造新的出口机遇。全国制造商协会估计美国向澳大利亚出口的制成品销售额每年可达到 20 多亿美元。

美澳自贸协定还为其他广泛的行业提供现实的利好。人寿保险和快递等服务市场将得以开放，知识产权可以得到更好地保护，美国的投资通过可预见的渠道和稳定的商业环境得以促进。美国企业在许多领域将首次被允许在非歧视原则基础上竞争澳大利亚的政府采购项目。美国所有农产品可免税出口至澳大利亚，这将有利于

诸如食品、水果、蔬菜、玉米、大豆等产品及其加工的许多产业部门。美澳自贸区还在电子商务和医药市场的准入方面取得了进展。

2008 年 9 月，美国宣布开启 TPP 谈判的进程，TPP 是在新加坡、智利、新西兰、文莱达鲁萨兰国之间发起的高标准自由贸易协议，旨在发展成为服务于跨太平洋经济整合的载体。美国决定加入谈判后不久，澳大利亚、秘鲁、越南即表示有意加入谈判。

2012 年美澳之间商品与个人服务贸易总量达到 650 亿美元，其中出口总额为 480 亿美元，进口总额为 160 亿美元，美国对澳大利亚贸易顺差为 320 亿美元。2013 年澳大利亚是美国第 26 大商品贸易伙伴，贸易规模达到 353 亿美元。商品出口总额为 260 亿美元，进口总额为 93 亿美元，对澳贸易顺差为 168 亿美元。

2013 年澳大利亚是美国第 15 大商品出口市场。美对澳商品出口规模为 260 亿美元，比 2012 年下降 16.4%（51 亿美元），但较 2003 年增长了 99%、较 2004 年增长了 87%。2013 年美国对澳大利亚出口额占全球出口额 1.6%。出口量最高的商品类别为机械类（55 亿美元）、车辆类（35 亿美元）、机电类（23 亿美元）、光学和医疗器械（22 亿美元）和航空设备（19 亿美元）。2013 年美国对澳大利亚出口农产品总量为 13 亿美元，以猪肉及其制品（1.76 亿美元）、乳制品（1.36 亿美元）、水果（1.24 亿美元）以及方便速食（1.21 亿美元）为主。2013 年，澳大利亚是美国第 35 大进口商品供应国。美国从澳大利亚进口规模为 93 亿美元，较 2012 年减少了 2.9%（2.77 亿美元），但较 2003 年增长了 45%，较 2004 年增长了 23%。进口量最高商品类别有（牛、羊）肉类（15 亿美元）、宝石 / 金属（9 380 万美元）、光学和医疗器械（6.95 亿美元）、矿石（6.13 亿美元）。2013 年，美国从澳大利亚进口农产品总额 28 亿美元，是美国第 9 大农产品进口来源国，进口类别主要有红肉 / 鲜肉 / 速冻肉（15 亿美元）、葡萄酒及啤酒（4.99 亿美元）。2013 年对澳大利亚的商品贸易顺差为 168 亿美元，比 2012 年下降了 22.3%（48 亿美元）。

2014 年美国对澳大利亚商品出口总量为 266.68 亿美元，出口量最大的商品类别有机械（46.96 亿美元）、车辆（35.91 亿美元）、飞机（22.76 亿美元）、光学 / 医疗设备（18.65 亿美元）、电气设备与零部件（16.19 亿美元）；商品进口总量为 106.7 亿美元，进口量最大的商品类别有肉食（26.52 亿美元）、贵金属 / 宝石（8.72 亿美元）、光学 / 医疗设备（7.32 亿美元）、矿石 / 矿渣（5.47 亿美元）；2014 年美国对澳大利亚商品贸易顺差（见图 1-60）为 159.98 亿美元，较 2013 年略有下降。2009 年美国对澳大利亚的商品出口量占全球以及亚太地区的比重（见图 1-61、图

1-62）分别为 1.85% 和 6.86%，2014 年分别为 1.64% 和 6.06%，5 年间分别下降了 0.21 和 0.8 个百分点；2009 年商品进口量占全球以及亚太地区的比重分别为 0.51% 和 1.34%，2014 年分别为 0.45% 和 1.15%，5 年间下降了 0.06 和 0.19 个百分点。

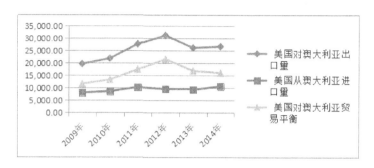

图 1-60　危机后美国对澳大利亚商品贸易情况（单位：百万美元）

数据来源：美国国际贸易委员会，http://dataweb.usitc.gov/scripts/Regions.asp。

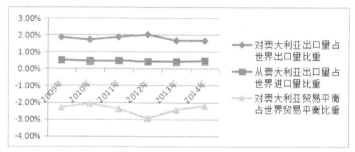

图 1-61　危机后美国对澳大利亚商品进出口及贸易顺差占全球比重

数据来源：美国国际贸易委员会，http://dataweb.usitc.gov/scripts/Regions.asp。

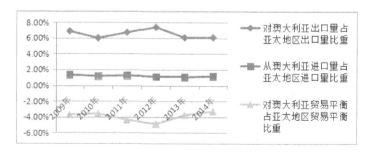

图 1-62　危机后美国对澳大利亚商品进出口及贸易顺差占亚太地域比重

数据来源：美国国际贸易委员会，http://dataweb.usitc.gov/scripts/Regions.asp。

二、美国—韩国自由贸易协定（KORUS FTA）

美国与韩国于 2007 年 6 月 30 日签署了双边自由贸易协定，该协定于 2012 年 3 月 15 日生效。具体实施中，美国将近 80% 的工业产品将可免税出口至韩国，这其中包括航空航天设备、农业设备、汽车配件、建筑产品、化学品、消费商品、电器、环保产品、旅游商品、纸制品、科学设备、航运和运输设备。美国将近 2/3 的出口农产品（包括小麦、玉米、大豆、饲料用乳清、毛皮类、棉花、樱桃、开心果、扁桃仁、橙汁、葡萄汁和葡萄酒）也将免关税出口至韩国，这意味着美国出口商将有大量的新机遇可以向韩国消费者出售更多美国的商品、服务和农产品，从而在国内创造更多良好的工作岗位。作为美国在亚太地区北部的第一个自由贸易协定，美—韩自贸协定起到了示范作用，并凸显了美国在亚太地区的贸易承诺与参与度。

2013 年，韩国成为美国第 10 大商品出口市场，商品出口达到 416 亿美元，比 2012 年下降了 1.7%（7.29 亿美元），但是比签订自由贸易协定之前的 2003 年增长了 73%。同年美国对韩出口量占美国全球出口总量的 2.6%。2013 年出口量最大的几个商品类别为：机械类（68 亿美元）、机电类（61 亿美元）、航空器类（33 亿美元）、光学和医疗器械类（28 亿美元）、有机化合物类（19 亿美元）。2013 年，美国对韩国出口农产品总量为 51 亿美元，为美国第五大农产品出口市场，其中占主要份额的有牛肉及其制品（6.09 亿美元）、兽皮（4.84 亿美元）、时鲜水果（3.56 亿美元）、小麦（3.41 亿美元）、乳制品（3.01 亿美元）。2013 年韩国成为美国第六大进口商品供应国，进口总量达到 622 亿美元，较 2012 年增长了 5.7%（33 亿美元），比 2003 年贸易协定签订前增长了 67%。同年美国从韩国进口量占全球总进口量的 2.7%。该年进口量最高的五类商品为：车辆（汽车）类（165 亿美元）、机电类（147 亿美元）、机械设备（108 亿美元）、矿物燃料和石油（30 亿美元）以及钢铁产品（26 亿美元）。2013 年美国从韩国进口农产品总量为 4.26 亿美元。主要类别为果蔬加工品（7 400 万美元）和零食（3 900 万美元）。2013 年美国对韩国商品贸易赤字为 207 亿美元，比 2012 年增长了 24.4%（41 亿美元）。

2014 年美国对韩国商品出口总量为 445.44 亿美元，出口量最大的商品类别有机械（72.36 亿美元）、电气设备与零部件（50.15 亿美元）、飞机（28.37 亿美元）、光学/医疗设备（26.56 亿美元）、矿物燃料/石油（18.72 亿美元）；商品进口总量为 696.06 亿美元，进口量最大的商品类别有车辆（195.11 亿美元）、电气设备与零部件（154.84 亿美元）、机械（115.16 亿美元）、钢铁（33.18 亿美元）、矿物燃料/石油（30.41 亿美元）；2014 年美国对韩国商品贸易逆差（见图 1-63）为 250.62 亿美元，较 2013 年有所增加。2009 年美国对韩国商品出口量占全球与亚太地区的比重（见图 1-64、图 1-65）分别为 2.71% 和 10.02%，2014 年分别为 2.74% 和 10.13%，5 年间分别下降了 0.03 和增长了 0.11 个百分点；2009 年商品进口量占全球与亚太地区的比重分别为 2.52% 和 6.58%，2014 年分别为 2.97% 和 7.52%，5 年间分别增长了 0.45 和 0.94 个百分点。

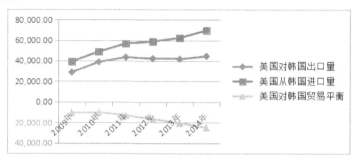

图 1-63　危机后美国对韩国商品贸易情况（单位：百万美元）

数据来源：美国国际贸易委员会，http://dataweb.usitc.gov/scripts/Regions.asp。

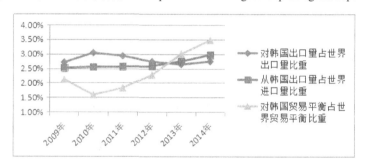

图 1-64　危机后美国对韩国商品进出口及贸易平衡占全球比重

数据来源：美国国际贸易委员会，http://dataweb.usitc.gov/scripts/Regions.asp。

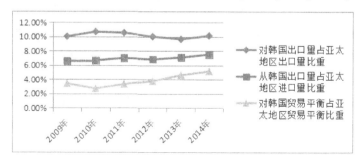

图 1-65　危机后美国对韩国商品进出口及贸易平衡占亚太地区比重

数据来源：美国国际贸易委员会，http://dataweb.usitc.gov/scripts/Regions.asp。

三、美国—新加坡自由贸易协定（SGUS FTA）

美—新自由贸易协定于 2004 年 1 月 1 日正式生效。该自贸协定有助于增加美国出口，提高美国全球竞争力，确保美国在南亚贸易的市场份额，鼓励该区域高水平自由化地提供自由贸易标准，使美国企业与商人在新加坡经商更加简易、便捷，成本更低、更透明。自贸协定已经为美国企业和出口商在作为全球最大的市场之一的东南亚地区出现的商机提供了更多的渠道。

自贸协定除了免除新加坡对美国绑定商品的关税外，还增加了某些美国制造业的出口机会，包括医疗器械与设备、微电子设备、摄影设备、某些纺织品、医药和化学品，新加坡还增加了政府采购机会以及对知识产权的保护。此外，自贸协定还实现了突破性合作以促进劳工权益与环境保护。

2009 年，美国对新加坡商品进出口总量为 370 亿美元，较 2003 年增长了 17%，其中出口规模为 216 亿美元，比 2003 年增长 31%，而进口规模为 154 亿美元，比 2003 年增长了 2%。2010 年，新加坡成为美国第 10 大出口市场，美国对新加坡出口总量超过 290 亿美元，比 2009 年增加了 31%。主要出口产业为机械机电类、航空航天器类、矿物燃料和石油、医疗设备。2012 年美国与新加坡之间商品与服务贸易总量为 680 亿美元，其中出口总量为 430 亿美元，进口总量为 250 亿美元，贸易逆差180 亿美元。2013 年新加坡成为美国第 17 大商品贸易伙伴国，贸易规模为 490 亿美元，其中出口规模 310 亿美元，进口 180 亿美元，贸易顺差 130 美元。

2013 年新加坡成为美国第 13 大商品出口市场。当年美国对新加坡商品出口额为 307 亿美元，较 2012 年增长 0.7%（1.99 亿美元），较 2003 年增长 86%，2013 年美国对新加坡的商品出口量占其全球出口总量的 1.9%。出口量最大的商品类别有机械类（52亿美元）、矿物燃料类（49 亿美元）、机电类（45 亿美元）、航空设备（38 亿美元）以及光学 / 医疗器械（27 亿美元）。2013 年美国对新加坡农产品出口总额为 7.53 亿美元，类别有乳制品（9 100 万美元）、方便速食（8 700 万美元）、水果（6 000 万美元）、猪肉及其制品（4 500 万美元）。2013 年新加坡成为美国第 26 大进口商品供应国，进口总量为 178 亿美元，较 2012 年减少了 11.9%（24 亿美元），但比 2003 年增长了 18%。主要进口商品类别有：有机化合物（36 亿美元）、机械类（34 亿美元）、机电类（27 亿美元）、光学 / 医疗器械类（21 亿美元）。2013 年，美国进口新加坡农产品达 1.05 亿美元，以零食（2 500 万美元）、可可粉 / 可可油（2 100 万美元）为主。2013 年美国对新加坡的贸易顺差为 129 亿美元，较 2012 年增长 25.3%（26 亿美元）。

2014 年美国对新加坡商品出口总量为 305.32 亿美元，出口量最大的商品类别有机械（46.39 亿美元）、矿物燃料 / 石油（41.54 亿美元）、飞机（37.41 亿美元）、电气设备与零部件（28.04 亿美元）、光学 / 医疗设备（19.72 亿美元）；商品进口总量为 164.64 亿美元，进口量最大的商品类别有有机化学品（38.05 亿美元）、机械（28.02 亿美元）、电气设备与零部件（24.78 亿美元）、光学 / 医疗设备（23.56 亿美元）；2014 年美国对新加坡商品贸易顺差（见图 1-66）为 140.68 亿美元，较 2013 年有所增长。2009 年美国对新加坡的商品出口量占全球与亚太地区比重（见图 1-67、图 1-68）分别为 2.11% 和 7.8%，2014 年分别为 1.88% 和 6.94%，5 年间分别下降了 0.23 和 0.86 个百分点；2009 年商品进口量占全球与亚太地区比重分别为 1.01% 和 2.62%，2014 年分别为 0.7% 和 1.78%，5 年间分别下降了 0.31 和 0.84 个百分比。

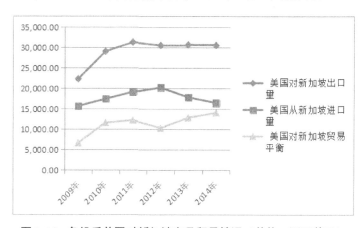

图 1-66　危机后美国对新加坡商品贸易情况（单位：百万美元）

数据来源：美国国际贸易委员会，http://dataweb.usitc.gov/scripts/Regions.asp。

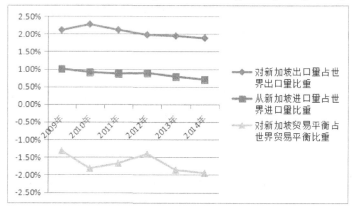

图 1-67　危机后美国对新加坡商品进出口及贸易顺差占全球比重

数据来源：美国国际贸易委员会，http://dataweb.usitc.gov/scripts/Regions.asp。

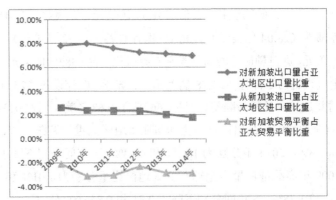

图 1-68 危机后美国对新加坡商品进出口及贸易顺差占亚太地区比重

数据来源：美国国际贸易委员会，http://dataweb.usitc.gov/scripts/Regions.asp。

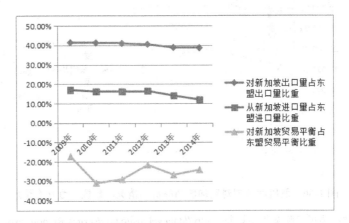

图 1-69 危机后美国对新加坡商品进出口及贸易平衡占东盟比重

数据来源：美国国际贸易委员会，http://dataweb.usitc.gov/scripts/Regions.asp。

第五节 美国"一体两翼"的全球商品贸易体系的补充——区域自贸体系的运行

一、美国自贸体系在亚太地区的补充——TPP 的战略定位及贸易状况

美国将"跨大西洋贸易与投资伙伴关系协定"（Trans-Atlantic Trade and

Investment Partnership，以下简称 TTIP）和"跨太平洋伙伴关系协议"（Trans-Pacific Partnership Agreement，以下简称 TPP）定位为 21 世纪标准最高、最为全面、深度合作的自由贸易协定，不仅大幅废除关税和非关税壁垒，还特别关注国内企业、劳工、知识产权以及环境等问题。二者被视作美国剑指中国，欲重构全球贸易新规则的一种尝试，并将成为未来国际贸易和投资规则的新载体。美欧公布的 TTIP 谈判目标有 8 项，包括进一步开放市场，加强以规则为基础的投资，消除所有贸易关税，处理非关税壁垒问题，增进服务贸易市场准入，减少监管与标准方面的差异，制定全球关注的规则、原则与新型合作方式，增强中小企业的全球竞争力。除减免关税外，TTIP 谈判将重点致力于解决市场准入和监管法规、非关税壁垒以及市场规则等三个关键问题。TPP 的目标则不仅是取消或降低商品的关税，还将涵盖安全标准、技术贸易壁垒、动植物卫生检疫、竞争政策、知识产权、政府采购、争端解决以及有关劳工和环境保护的规定。TPP 标准之高和覆盖领域之广，远超一般自贸区协议。

TPP 和 TTIP 各有侧重，从 TPP 金融开放等协议可以看出，TPP 建立的是一个以美元为主导的核心金融系统，以此来保障未来美元信用不发生坍塌，未来协议经济体的金融资本将在 TPP 的框架下深度整合，这也是 TPP 协议对于金融等领域开放的规定比一般的国际贸易协议走得更远的原因。而 TTIP 的关键是标准，在加强农业和工业领域标准制定方面以及加强数据保护、汽车、制药等行业规制的合作。

美欧 TTIP 谈判，是顺应美国"重返亚太"战略，在经济危机席卷全球、贸易自由化趋势下以及货物贸易发展空间有限的背景下，借全球贸易格局重构之机，尽快联手掌握服务贸易领域规则的制定权，主导和影响全球多边贸易体系，继续在未来的竞争中占据"制高点"。TTIP 谈判一旦达成协议，意味着欧美将形成覆盖世界贸易量 1/3、全球 GDP 一半、世界上最发达的自由贸易区，对欧美经济乃至全球贸易格局和规则的演变都将产生重大影响。危机后逆势崛起的以中国为代表的新兴经济体被排挤在全球贸易新秩序制定圈外。贸易转移效应将使包括中国在内的新兴市场经济体参与全球化贸易的成本迅速上升。美国凭借其服务业、环境、知识产权的优势制定有利于西方国家的国际标准，可能会使中国等新兴市场经济体面临被迫退出美欧市场的风险。TPP 是美国"重返亚洲"的敲门砖，2008 年美国加入"P4"（跨太平洋战略经济伙伴协定），并将名称改为"TPP"。作为重返亚太战略的一部分，美国希望借此提升与亚太新兴经济体的经贸关系，成为亚太区域经济整合的领导者，稀释中国的区域经济、政治影响力，因此，谈判内容将从高水准的贸易自由化转变为以高标准投资规则为主，吸收新成员也从开放到封闭。TPP 将使美国、日本成为亚太地区的强有力同盟，这意味着在亚太地区将会形成一个拥有约 8 亿人口、GDP 总额占全球近 40%，在亚洲太平洋经济合作组织，即 APEC 框架之外，涵盖 APEC 所有成员国的，由美国主导的亚太自由贸易区，包括服务贸易在内的零关税自由贸易区有可能使中国、东盟等亚洲其他区域贸易组织被逐步边缘化。显而易见，美国提出的高标准的国际贸易与投资规则，是以美国利益最大化为基础的，要加入"为限制中国而量身定做"的 TPP，对我国提出了极高的要求，对我们培育和扶持新兴产业将造成巨大冲击，目前我国所处的经济发展阶段尚不能完全适应。但如果我们不能与这些高标准规则接轨，将面临被边缘化的危险，在美国积极部署新的国际贸易与投资格局中将十分被动，未来再次"入世"承受的代价将更高。为防止被边缘化，取得话语权和游戏规则的制定权，中国势必要在 TPP 谈判期间有所作为。当然，这些规则与我们建立服务型政府以及国企改革的大方向基本一致。

因此，中国（上海）自由贸易试验区已不单纯是地方经济发展的需求，而是试验以开放促改革的国家战略。中国（上海）自由贸易试验区作为国际贸易业务创新引领区和国际投资新规则试验区，应积极探索未知领域，追踪 TPP/TIP 谈判的最新进展，了解国际贸易与投资规则与标准的最新动态，并在试验区内先行试验，积累经验，为与美国等发达国家开展谈判提供实证样本和依据参考，扫清法律上的障碍，进而为我国参与全球贸易与投资规则的重构提供有力支撑。同时，用国际规则的倒逼作用，推动国内经济转型和体制改革，更新管理理念，实行大部制与管办分离，正确使用负面清单管理和正面清单管理模式，从管控向监管转变，学会使用利益相关方协商机制。

（一）美国与文莱达鲁萨兰国贸易情况

2013 年美国与文莱达鲁萨兰国商品贸易总量为 5.76 亿美元。商品出口总量为 5.59 亿美元，较 2012 年增长了 254.4%（4.01 亿美元），较 2003 年增长了 1389%，文莱成为美国第 100 大商品出口市场；出口量最大的商品类别有飞机（3.99 亿美元）、机械（6 400 万美元）、光学／医疗器械（2 300 万美元）、机电类（1 600 万美元）；农产品出口量为 600 万美元。商品进口总量为 1 700 万美元，较 2012 年下降了 81%（6 900 万美元），较 2003 年下降了 96%，成为美国第 160 大进口商品供应国；进口量最大的商品类别有有机化合物（700 万美元）、针织服装（300 万美元）、海鲜／鱼类（200 万美元）、纺织服装（75.8 万美元）。2013 年美国对文莱商品贸易顺差为 5.41 亿美元，较 2012 年增长了 658.8%（4.7 亿美元）。

2014 年美国对文莱商品出口总量为 5.5 亿美元，出口量最大的商品类别有飞机

（4.25 亿美元）、机械（3 000 万美元）、电气设备与零部件（2 460 万美元）、光学 / 医疗设备（1 660 万美元）；商品进口总量为 3 200 万美元，进口量最大的商品类别有有机化学物（1 610 万美元）、飞机（380 万美元）、鱼 / 贝类（170 万美元）、机械（40 万美元）；2014 年美国对文莱商品贸易顺差为 5.18 亿美元，较 2013 年略有下降。根据图 1-70、图 1-71、图 1-72 的情况，2009 年美国对文莱商品出口量占东盟比重为 0.19%，2014 年为 0.7%，5 年间增长了 0.51 个百分点；2009 年商品进口量比重为 0.05%，2014 年为 0.02%，5 年间下降了 0.03 个百分点。

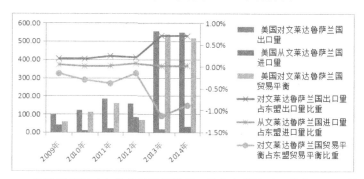

图 1-70　危机后美国对文莱商品贸易情况及其占东盟比重（单位：百万美元）

数据来源：美国国际贸易委员会，http://dataweb.usitc.gov/scripts/Regions.asp。

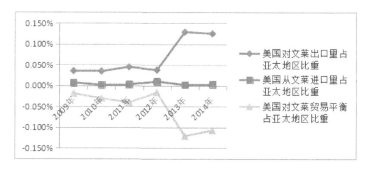

图 1-71　危机后美国对文莱商品进出口与贸易平衡占亚太地区比重

数据来源：美国国际贸易委员会，http://dataweb.usitc.gov/scripts/Regions.asp。

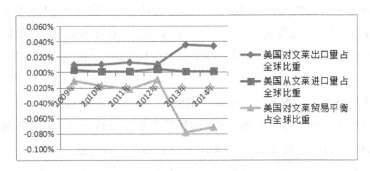

图 1-72　危机后美国对文莱商品进出口与贸易平衡占全球比重

数据来源：美国国际贸易委员会，http://dataweb.usitc.gov/scripts/Regions.asp。

（二）美国与越南贸易情况

2008 年 6 月，美国与越南启动了双边投资协定的谈判，2009 年与 2010 年又分别举行了第二轮、第三轮谈判；2011 年，美国与越南又在贸易与投资框架协议（TIFA）下进行了大量的磋商。该贸易与投资框架协议（TIFA）为监督与实现越南加入 WTO 的承诺、解决双边贸易问题、促进贸易与投资的增长提供了平台。

2013 年，美国与越南商品贸易总量为 297 亿美元，越南是美国第 27 大商品贸易伙伴。商品出口总额为 50 亿美元，较 2012 年增长 8.4%（3.89 亿美元），是美国第 44 大商品出口市场；出口量最大的商品类别有机电类（6.11 亿美元）、谷物及种子（5.56 亿美元）、机械设备（4.26 亿美元）、棉 / 丝 / 面料（4.03 亿美元）、水果与坚果（3.09 亿美元）；商品进口总额为 246 亿美元，较 2012 年增长了 21.6%（44 亿美元），是美国第 20 大进口商品供应国；进口量最大的商品类别有针织服装（47 亿美元）、纺织服装（33 亿美元）、鞋类（29 亿美元）、家具及床上用品（26 亿美元）、机械（21 亿美元）。2013 年美国对越南贸易逆差为 196 亿美元，较 2012 年增长了 25.5%（40 亿美元）。

2014 年美国对越南商品出口总量为 57.25 亿美元，出口量最大的商品类别有电气设备与零部件（5.29 亿美元）、杂项谷物 / 水果 / 植物种子（5.28 亿美元）、机械（3.96 亿美元）、棉花及其织物（3.95 亿美元）、水果 / 坚果（3.88 亿美元）；商品进口总量为 305.84 亿美元，进口量最大的商品类别有针织服装（54.18 亿美元）、纺织服装（37.89 亿美元）、电气设备与零部件（37.42 亿美元）、鞋类（36.25 亿美元）、家具 / 床上用品（31.49 亿美元）；2014 年美国对越南商品贸易逆差为 248.59 亿美元，为历史最高水平。根据图 1-73、图 1-74、图 1-75 反应的情况，2009 年美国对越南商品

出口量占东盟比重为 5.77%，2014 年为 7.25%，5 年间增长了 1.48 个百分点；2009
年商品进口量比重为 13.35%，2014 年为 22.3%，5 年间增长了 8.95 个百分点。

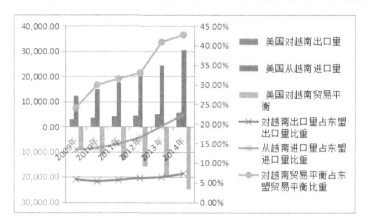

图 1-73　危机后美国对越南商品贸易情况及其占东盟比重（单位：百万美元）

数据来源：美国国际贸易委员会，http://dataweb.usitc.gov/scripts/Regions.asp。

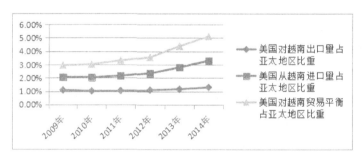

图 1-74　危机后美国对越南商品进出口及贸易平衡占亚太地区比重

数据来源：美国国际贸易委员会，http://dataweb.usitc.gov/scripts/Regions.asp。

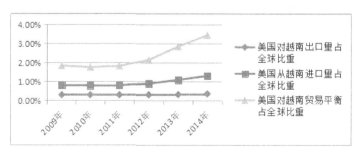

图 1-75　危机后美国对越南商品进出口及贸易平衡占全球比重

数据来源：美国国际贸易委员会，http://dataweb.usitc.gov/scripts/Regions.asp。

（三）美国与马来西亚贸易情况

2010 年 10 月，马来西亚加入了正在进行中的 TPP 谈判。其间，美国欲达成一份 21 世纪的高水平区域贸易协议，从而有利于其工作岗位的创造、维持与国内经济的增长。TPP 最初由四个拥有共同目标的国家发起，而美国自 2009 年加入谈判后，主动将协议规模扩大，意欲囊括亚太地区代表了全球半数以上的产能和 40% 以上贸易量的国家与地区。

2013 年，马来西亚是美国第 20 大商品贸易伙伴，贸易总量为 403 亿美元；2013 年，马来西亚是美国第 25 大商品出口市场，出口总量为 130 亿美元，较 2012 年增长了 1.3%（1.65 亿美元）；出口量最大的商品类别有电机（54 亿美元）、飞机（16 亿美元）、机械（14 亿美元）、光学 / 医疗设备（7.65 亿美元）、塑料及其制品（3.6 亿美元）；同时马来西亚是美国第 17 大进口商品供应国，商品进口总量为 273 亿美元，较 2012 年增长了 5.2%（14 亿美元），进口量最大的商品类别有电机（148 亿美元）、机械（40 亿美元）、光学 / 医疗设备（17 亿美元）、橡胶（14 亿美元）、脂肪 / 植物油（11 亿美元）。

2014 年美国对马来西亚商品出口总量为 136.37 亿美元，出口量最大的商品类别有电气设备与零部件（42.27 亿美元）、机械（11.48 亿美元）、飞机（10.72 亿美元）、光学 / 医疗设备（6.48 亿美元）、塑料及其制品（3.31 亿美元）；进口总量为 304.48 亿美元，进口量最大的商品类别有电气设备与零部件（179.59 亿美元）、机械（38.74 亿美元）、光学 / 医疗设备（18.22 亿美元）、橡胶及其制品（13.46 亿美元）、动植物油（8.82 亿美元）；2014 年美国对马来西亚商品贸易逆差为 173.11 亿美元，为历史最高水平。如图 1-76、图 1-77、图 1-78 所示，2009 年，美国对马来西亚商品出口量占东盟比重为 19.32%，2014 年为 16.63%，5 年间下降了 2.69 个百分点；2009 年商品进口量比重为 25.29%，2014 年为 22.2%，5 年间下降了 3.09 个百分点。

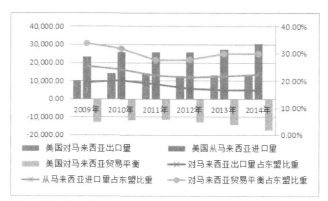

图 1-76 危机后美国对马来西亚商品贸易情况及其占东盟比重（单位：百万美元）

数据来源：美国国际贸易委员会，http://dataweb.usitc.gov/scripts/Regions.asp。

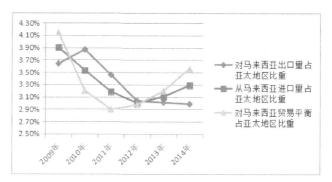

图 1-77 危机后美国对马来西亚商品进出口与贸易平衡占亚太地区比重

数据来源：美国国际贸易委员会，http://dataweb.usitc.gov/scripts/Regions.asp。

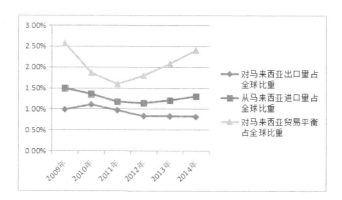

图 1-78 危机后美国对马来西亚商品进出口与贸易平衡占全球比重（单位：百万美元）

数据来源：美国国际贸易委员会，http://dataweb.usitc.gov/scripts/Regions.asp。

（四）美国与新西兰贸易情况

新西兰也是原定与美国进行 TPP 谈判的国家之一。2013 年，美国与新西兰商品贸易总量为 67 亿美元，新西兰是美国第 55 大商品贸易伙伴。商品出口总量为 32 亿美元，较 2012 年下降了 0.1%（400 万美元），但较 2003 年增长了 74%，是美国第 52 大商品出口市场；出口量最大的商品类别有飞机（4.93 亿美元）、机械（4.57 亿美元）、车辆（2.4 亿美元）、机电（1.84 亿美元）；商品进口总量为 35 亿美元，较 2012 年增长了 1.4%（4700 万美元），较 2003 年增长了 45%，是美国第 57 大进口商品供应国；进口量最大的商品类别有肉类（9.84 亿美元）、蛋白 / 淀粉 / 胶水类（3.23 亿美元）、饮料酒水（2.96 亿美元）、蛋 / 奶 / 蜂蜜类（2.82 亿美元）。2013 年美国对新西兰商品贸易逆差为 2.6 亿美元，较 2012 年增长 24.7%。

2014 年美国对新西兰商品出口总量为 42.61 亿美元，出口量最大的商品类别有飞机（12.9 亿美元）、机械（4.58 亿美元）、车辆（3.6 亿美元）、光学 / 医疗设备（1.51 亿美元）；商品进口总量为 39.8 亿美元，进口量最大的商品类别有肉食类（11.81 亿美元）、蛋白质 / 改良淀粉（3.92 亿美元）、乳制品 / 蛋 / 蜂蜜（3.73 亿美元）、饮料 / 酒 / 醋（3.44 亿美元）；2014 年美国对新西兰商品贸易顺差为 2.81 亿美元，转变了 2012 年、2013 年的逆差国地位。根据图 1-79 和图 1-80 所反映出的情况，2009 年美国对新西兰商品出口量占亚太地区比重为 0.76%，2014 年为 0.97%，5 年间增长了 0.21 个百分点；2009 商品进口量比重为 0.43%，2014 年仍然为 0.43%，5 年间基本保持不变。

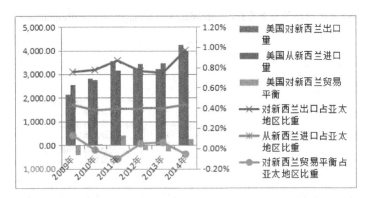

图 1-79　危机后美国对新西兰商品贸易情况及其占亚太地区比重（单位：百万美元）

数据来源：美国国际贸易委员会，http://dataweb.usitc.gov/scripts/Regions.asp。

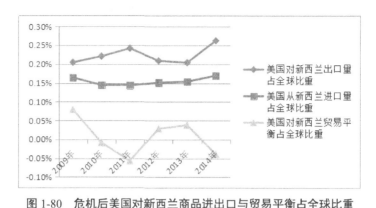

图 1-80 危机后美国对新西兰商品进出口与贸易平衡占全球比重

数据来源：美国国际贸易委员会，http://dataweb.usitc.gov/scripts/Regions.asp。

二、美国自贸体系在欧洲的补充——TTIP 的可能影响及贸易状况

正在进行的跨大西洋贸易和投资伙伴关系谈判，不仅为美欧双边关税自由化设定了一个雄心勃勃的议程，同时也涉及非关税措施，如公共采购、地理标志、投资流动的自由化和监管协调。

2013 年美国与欧盟之间的商品贸易总量约 6 500 亿美元。商品出口总量为 2 623 亿美元，较 2012 年下降了 1.3%（34 亿美元），但较 2003 年增长了 68%，欧盟国家作为整体，成为美国第 2 大商品出口市场，美国对欧盟出口总量占全球出口总量的 16.6%；出口量最大的国家有德国（474 亿美元）、英国（474 亿美元）、荷兰（427 亿美元）、法国（320 亿美元）、比利时（317 亿美元）；而出口量最大的商品类别为飞机（311 亿美元）、机械（299 亿美元）、矿物燃料（257 亿美元）、光学／医疗器械（254 亿美元）、医药产品（201 亿美元）；农产品出口总量为 119 亿美元，主要包括坚果（23 亿美元）、大豆（15 亿美元）、豆粕（8.6 亿美元）、葡萄酒与啤酒（6.49 亿美元）、方便速食（4.92 亿美元），欧盟国家整体成为美国第 5 大农产品出口市场。商品进口总量为 3 873 亿美元，较 2012 年增长了 1.5%（57 亿美元），较 2003 年增长了 52%，成为美国第 2 大进口商品供应市场，当年从欧盟进口总量占全球进口总量的 17.1%；进口总量最大的国家有德国（1 146 亿美元）、英国（526 亿美元）、法国（453 亿美元）、意大利（387 亿美元）、爱尔兰（316 亿美元）；进口总量最大的商品类别为机械（646 亿美元）、车辆（488 亿美元）、医药产品（369 亿美元）、光学／医疗设备（260 亿美元）、有机化学品（241 亿美元）；农

产品进口总量为 176 亿美元，主要包括葡萄酒与啤酒（52 亿美元）、精炼油（22 亿美元）、零食（13 亿美元）、植物油（9.55 亿美元）、果蔬加工品（9.39 亿美元），欧盟国家整体成为美国第 3 大进口农产品供应国。2013 年美国对欧盟贸易逆差（见图 1-81）为 1 250 亿美元，较 2012 年增长了 7.9%（91 亿美元），对欧盟贸易逆差量占美国全球贸易逆差总量的 18.2% 以上。

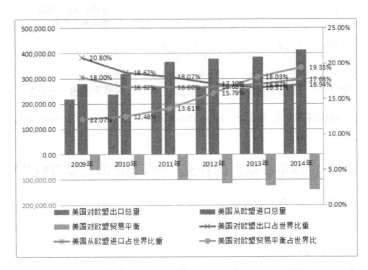

图 1-81 危机后美国对欧盟商品贸易情况及其占世界比重

数据来源：http://dataweb.usitc.gov/scripts/Regions.asp。

第六节　结语：美国仍处于资本主义现代世界体系的霸权稳定周期

一、霸权争论与世界体系的周期节律视角

对于美国的国际经济霸权是衰落还是复兴的争论，自冷战结束之后，甚至可以再向前推至 20 世纪 70 年代美国面临一系列国际经济与政治危机时，就在学术界与媒体舆论中占据了相当重要的位置，至今这一争论仍然没有明确的定论。主张美国霸权衰落的观点，是因为看到了如今美国已然失去了 20 世纪 80 年代在全球范围内众多新兴与转型国家大肆推行新自由主义政治经济发展模式的国际政治环境，经济贸易上又面临中国等新兴经济体的严重挑战；而主张美国仍然保有国际霸权的观点则

认为，美国依然是当前世界上经济、军事、科技、软实力等综合实力最强的国家，虽然经济上面临诸多挑战，但其经济绝对总量仍然居于世界首位，且保持增长的态势。

伊曼纽尔·沃勒斯坦的世界体系理论中关于世界体系具有周期节律和趋向的观点认为，"体系具有周期的节律（源于其持续发挥作用的结构会经历正常的波动）和长期的趋势（向量都有自己的演进方向，源于结构的不断演化）。因为，现代世界体系（像其他任何历史体系一样）既具有周期性，又具有趋势性——周期使体系恢复平衡，而趋势使体系偏离平衡——因而必然会存在着一个点，在该点上趋势能够形成一种情势，使周期的节律不再能恢复长期（相对）平衡。当这种情况发生时，我们也许会提及危机的发生。一次真正的危机意味着一个转折点，它是如此具有决定性，会导致该体系的终结，并被一个或更多的后继体系所替代。这种危机并不是反复（周期）发生的，它在任何一个体系的存在过程只会发生一次，并标志着该体系的历史终结。它不是一种迅速发生的事件，而是一个转型时期，是持续几代时间的一个长时段"[7]。这似乎能够为分析美国的国际霸权地位提供一个更广阔的历史空间，然而，按照这一逻辑，似乎当前美国所主导的国际经济贸易体系并没有因为 2008 年的金融危机而来到一个所谓的"不能恢复长期平衡"的"转折点"或"长时段"上，实际的情况却是"现代世界体系尽管在经济和政治上存在"繁荣—平衡稳定—上升—衰退"这样周而复始的周期现象，但有三个方面却一贯呈增长趋向：一是加入这个体系的经济劳动分工的区域比例；二是主要依靠工资收入的劳动力比例；三是以机器形式出现的资本比例。这三个呈持续增长的趋向，表明世界经济体系的不断巩固和扩展"[8]。

同样如其所言，"当国家间体系短暂地处于霸权时期，也许很短暂（相对于权力平衡或大国对峙这些更经常出现的情况），一个国家总是能够通过规制体系的结构和相关的政策，并使之不仅为弱国，而且也为其他强国所接受，从而不断地、令人信服地显示其'领导权'。霸权国所具有的决定权比起纯粹由赤裸裸的强权所确保的要大，然而比起有完全合法的权威所保障的要小。简而言之，它是一个世界经济体的霸权国家，而不是一个世界帝国。1945 年以来，美国正处于这样一种地位"[9]。

当前的形势同样适用于这一表述，如今的美国依然可以通过其美元的国际储备币地位对国际贸易与金融进程施加杠杆作用，获得国际市场的"铸币税"，同时还能够通过在国际经济与贸易领域的 WTO 多哈回合谈判中断后，加强双边自由贸易协定（FTA）体系，包括地域上伙伴国的增加与平台的拓展以及功能、协定内容上的丰富和深化。而 FTA 体系则是通过垄断和利润差为其自身的扩大与深化提供压力与驱动力的：

尽管旧的垄断在新进入（可获利）市场的厂商（来自世界经济的任何地方）的压力下，总是不断解体，但那些拥有更多资本积累、企业家才能以及广泛政治渗透力结合优势的厂商总是（几乎总是）能够形成新的垄断，这种垄断能够持续一段时期。这种全球性的部分垄断，经常被冠之以较少政论性的名称——主导产业，正是这种产业的不断产生，可以解释世界经济体不断的巨大扩张，就像它们的优势耗尽能够解释世界经济的停滞一样。[10]

二、新兴的挑战力量并未发展成熟

WTO 谈判自多哈回合中断之后，全球贸易模式进入了美国积极引导的双边自由贸易阶段，而随着美国的全球 FTA 体系不断完善，对于其在全球开展商品与服务贸易的确起到了促进作用。2014 年美国的国际贸易形势依然保持强劲在很大程度上是一个有力的证明，即使在去年下半年全球经济面临紧缩的压力下，美国与亚太地区 FTA 伙伴国之间的贸易水平几乎都达到了历史最高水平，亚太地区的总体情况同样如此（见图 1-82）。

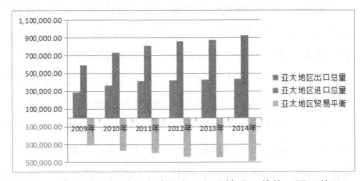

图 1-82　危机后美国对亚太地区商品贸易情况（单位：百万美元）

数据来源：美国国际贸易委员会，http://dataweb.usitc.gov/scripts/Regions.asp。

而对于 TPP 战略定位中遏制中国的作用问题需要补充的是，中国自身不应将这一作用过度看重。对于美国而言，开展 TPP 谈判与搭建框架，最核心的目的在于维持与完善其自身的自由贸易体系，弱化中国只能是边缘目标或附带效应，这一效应只是在中国消极退出国际贸易竞争舞台以及固守国内高能耗、低效率的产业发展路径的前提下才会发生。依据在于，近年的数据显示了美国与中国之间的商品贸易同全球其他国家与地区一样达到了历史最高水平，包括美国对华贸易逆差（由于美中经贸关系未在本研究考察之列，故未列举图表）也达到了历史最大规模。只是在商品贸易结构上，由于技术、环保标准与知识产权等壁垒导致美国对华商品出口量相对较小，但就美国进口中国商品量而言，远高于美国最大的贸易伙伴——加拿大。而中国对美国形成的所谓 GDP 总量上的挑战却并没有造成实际上的竞争优势或贸易角色的转变。

此外，今后的 3—5 年，在既定的国际贸易格局下如不发生干预因素，则如文中所述，美国仍然处于贸易逆差增长，并通向峰值的贸易扩展周期中。而对比图 1-82 与前文的图 1-3、图 1-4 可以发现，美国对亚太地区的商品出口量占全球 1/4 左右，而自亚太地区的商品进口量则占全球一半以上。在这样的周期下，亚太地区在对美国贸易关系中，商品供应来源地的角色将更加凸显，而文中所考察的 FTA 伙伴国或 TPP 谈判国与美国的贸易结构中，几乎都保持了美国出口机电、飞机等高附加值的工业制成品，而进口农副产品与服装、轻工业品，这将直接对中国的以大批量制造业为主的经济发展模式以及中国对美国贸易条件和议价能力造成巨大的冲击与挑战。这似乎为中国开展"一带一路"战略开拓周边市场、转移过剩产能找到一定的解释，但中国急需的是一方面转变国内经济发展动力、改革产业结构，另一方面，同样应该更积极地以适合的方式参与到全球自由贸易体系中，从而保证在国际市场的贸易份额与国际社会的话语权。

"目前已经存在着一个商品链条网络，它把跨越多个政治辖区的生产活动联系在一起，以至几乎任何单个国家都不可能将国内主要经济活动必不可少的所有生产过程都置于其辖区之内。由此，支配这种联系的国家间关系，必然要严重地影响该国辖区内所有生产活动利润的获取。"[11] 美国也正是通过对国际商品贸易中商品价值链顶端高附加值产业的垄断和由此带来的利润差，驱动着以其自身主导的 FTA 体系的整条产业链运转。

随之而来的，"世界生产活动的不平衡，不仅反映，甚至扩大了世界福利的不平等——它随地域、经济周期、历史进程而变化……但对于是趋同，还是出现相反趋势的极化，在很大程度上决定于评估的尺度、评估的时间以及有谁做出的评估……在动荡中，把世界体系聚合在一起的最重要的因素，就是创建一种更具凝聚力的国家结构以及能使体系合法化的知识结构的持续不断的努力"[12]。中国等新兴经济体，如"金砖国家"、"新钻 11 国"等国际投资概念所发起的挑战也并没有在既有的国际政治经济格局中催生新的国家结构、国际劳动体系以及知识结构。因此，可以认为美国仍然处于现代资本主义世界体系的霸权维系平衡与稳定的周期之中。

注　释

1. 参见 http://countryreport.mofcom.gov.cn/record/view110209.asp?news_id=42679。

2. 朱颖：《美国全球自由贸易协定战略》，上海：华东理工大学出版社 2012 年版，第 21 页。

3. 转引自朱颖：《美国全球自由贸易协定战略》，上海：华东理工大学出版社 2012 年版，第 24 页。原载 Craig K. Elwell. *U.S. Terms of Trade: Significance, Trends, and Policy*. 2004-2009-15(5).

4. 数据来源：美国商务部国际贸易管理局网站，http://www.trade.gov/fta/。

5. 参见 http://houston.mofcom.gov.cn/aarticle/jmxw/200305/20030500088465.html。

6. 参见 http://export.gov/FTA/nafta/index.asp。

7. 特伦斯·K·霍普金斯、伊曼纽尔·沃勒斯坦等著，吴英译：《转型时代——世界体系的发展轨迹：1945—2025》，北京：高等教育出版社 2002 年版，第 9 页。

8. 特伦斯·K·霍普金斯、伊曼纽尔·沃勒斯坦等著，吴英译：《转型时代——世界体系的发展轨迹：1945—2025》，北京：高等教育出版社 2002 年版，译者序言第 3 页。

9. 特伦斯·K·霍普金斯、伊曼纽尔·沃勒斯坦等著，吴英译：《转型时代——世界体系的发展轨迹：1945—2025》，北京：高等教育出版社 2002 年版，第 3 页。

10. 特伦斯·K·霍普金斯、伊曼纽尔·沃勒斯坦等著，吴英译：《转型时代——世界体系的发展轨迹：1945—2025》，北京：高等教育出版社 2002 年版，第 4 页。

11. 特伦斯·K·霍普金斯、伊曼纽尔·沃勒斯坦等著，吴英译：《转型时代——世界体系的发展轨迹：1945—2025》，北京：高等教育出版社 2002 年版，第 3 页。

12. 特伦斯·K·霍普金斯、伊曼纽尔·沃勒斯坦等著，吴英译：《转型时代——世界体系的发展轨迹：1945—2025》，北京：高等教育出版社 2002 年版，第 6 页。

第二章　日、韩与其全球 FTA 伙伴国商品贸易状况

第一节　日本战后（2002 年至今）经贸协议的签订进程及宏观影响

本节论述了战后日本的经贸发展情况，回顾了日本战后经济恢复采取的一些政策。但是，日本在 2002 年以前没有加入任何经贸合作组织，也没有建立自由贸易区。本部分主要基于 2002 年之后日本在经贸合作方面的一系列举措，列举了日本和其他国家签订的贸易协议，并分析了由此造成的日本贸易状况的改变。最后，分析了日本贸易当前仍然存在的一些问题，并提出了畅想。

一、日本战后对外贸易进程回顾

日本加入关贸总协定前，存在一系列顾虑，这些也是战后日本经济恢复过程中的问题：首先，日本国土面积小，自然资源匮乏，从资源进口和发展自己在国际市场上的地位而言，加入关贸总协定是必不可少的；另一方面，战时日本国内企业受到国家的保护，产业技术、市场机制等方面都是适应本国发展而远离国际市场的，一旦进入国际市场，国内市场难免会受到冲击。但是日本还是在 1955 年加入了关贸总协定。入关后，日本开始放宽进口限制、外汇配额等对外贸易保护政策。1960 年 6 月日本颁布《贸易与外汇自由化计划大纲》，开始了贸易自由化道路。随着贸易自由化的进行，日本国内经济快速发展，企业的国际竞争力增强，日本在国际市场上的地位变得更加重要，经济快速发展。1994 年，日本加入 WTO。

进入 21 世纪之后，世界范围内的经济体合作加强，发展较快，日本为了巩固自

己的国际地位，促进国家经济发展，也开始有了建立自由贸易区的想法。1998年日本接受韩国建立自贸区的建议，在1999年发布了《通商白皮书》，首次提出要在坚持多边主义的同时发展与周边国家的贸易，加强双边贸易，促进经济合作。但是，到2001年末，日本尚未加入任何经合组织和自由贸易区。

2002年5月，以小泉纯一郎为议长的日本经济财政咨询会议通过权衡，通过了《日本经济活性化六大战略》，还正式提出了"共同行动，共同前进"的东亚共同体构想——"小泉构想"。

2002年10月，日本颁布《日本FTA战略》。在该战略中，日本详细阐述了签订FTA/EPA的意义以及谈判过程中必须遵循的标准和战略措施，以韩国和东盟为中心，在全世界范围内开展自由贸易，并有意推动自身所处的东亚自由贸易区的发展，并且开始以WTO所提倡的自由贸易原则为中心，开展双边、多边地区自由贸易的进程。此后，日本以日本—新加坡贸易协定为起点，与各国签订了一系列自由贸易协定，开始了自己的自由贸易化的道路。

二、日本签订贸易协议的内容分析及宏观影响

（一）日本—新加坡自由贸易协定

经过近一年的谈判，日、新双方于2002年初签署了名为《新时代伙伴关系协定》的日本—新加坡双边自由贸易协定。这是亚洲的第一个双边自由贸易协定，也是日本有史以来签订的第一个双边自由贸易协定。

日本—新加坡自由贸易协定的内容涵盖面非常广泛。除免除进出口关税和放宽双方的投资限制外，协定内容还包括在服务业、科技、广播、旅游业等多个行业以及人才交流上进行密切合作。此协议有以下一些要点：

第一，出口壁垒方面，新加坡出口到日本的产品中，除10个石油化学产品将在10年内逐步降低关税之外，其他6 928个产品都将在协定生效之日起予以免税，而日本出口到新加坡的产品将全部予以免税。另外，两国达成了简化双边贸易进出口程序的协议，为贸易商节省时间和费用。

第二，在开放服务业方面，新加坡和日本分别承诺开放的服务业领域为88.5%和86%。根据协定，新加坡的服务供应商在日本将跟当地企业享有同样的待遇。日本政府在立法时，也必须确保新法令对新加坡企业是公平、客观与合理的。

第三，外资持股方面，从协定生效之日起，日本将把日本电信电话公司的外资

持股比例限制从 20％增加到 33％，新加坡是第一个享有这个特权的国家。除新加坡本土公司之外，在新加坡设有业务的外资企业也可以享有以上特权。

第四，双方公民出入境限制方面：允许商业游客和企业内部调派的职员逗留更长时间。两国还将继续探讨设立互相承认专业人士资格的机制。一旦达成协议，两国的专业技术人才将可自由地到对方国家工作。

在以上要点中，日本—新加坡协议在出口免税和开放服务业两方面的协议意义非凡。首先，两国在日本—新加坡自由贸易协定下所承诺开放的程度，超越了世界贸易组织成员国之间的协议范围。根据协定，能享有免税待遇的产品约占目前日新双边贸易的 99％，而世界贸易组织协议的规定只需覆盖 65％左右。根据世贸组织的协议，新加坡和日本所承诺的免税产品比例分别为 70％和 34％。而在日本—新加坡自由贸易协定下，两国承诺的免税产品比例分别提高到 100％和 94％。其次，服务市场分别占日本和新加坡国内生产总值的比重高达 70％和 64％。而且，日本服务市场向来被海外投资者视为较难进入的领域，这从日本进口的商业服务只占服务市场总值的 3.5％便可见一斑。开放之后，日本对新加坡企业的宽容和鼓励投资程度十分可观。下面举出 2001—2003 年日本和新加坡贸易的一些数据来说明协议签订后的意义。在表 2-1 的数据和图 2-1 中的走势中可以看出在签订了日本—新加坡协议之后，日本对新加坡的商品和服务净出口数额急剧增长，涨幅几乎翻倍。

表 2-1　2001—2003 年日本对新加坡商品和服务净出口数额表（十亿日元）

	3 月	6 月	9 月	12 月
2001 年	885	596	788.6	964.6
2002 年	1 581.6	1 866.6	1 579.3	1 669.8
2003 年	1 441.3	2 060.5	2 263.8	2 491.6

数据来源：日本内阁府；时间依据：季度

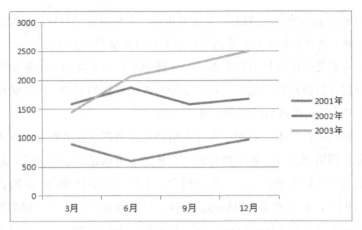

图 2-1   2001—2003 年日本对新加坡商品和服务净出口年度走势图（十亿日元）

（二）日本—韩国

日—韩 FTA 早在 1998 年就已经提出，主要是基于韩国对日本的建议。对于两国来说，早日建成自由贸易区进行合作是双赢的。但是，由于日韩关系的复杂性和谈判条件不能达成一致等原因，两国的谈判进程一再延宕。日韩政府间的共同研究开始于 2002 年 7 月，并于 2003 年 12 月开始正式谈判。按多次日韩首脑会议所达成的共识，双方都曾表示要在 2005 年内达成协议。但是，由于小泉纯一郎任职期间参拜晋国神社等原因，双方谈判被无限期推迟，一直未能取得实质性进展。

安倍上台重新修好日韩关系以后，2006 年 12 月 18 日，日韩两国政府时隔四年零八个月后终于召开了第五次高层经济协议会。2007 年，韩国与美国签订了自由贸易协定，这在一定程度上促进了日—韩自由贸易协定的谈判和签署。为了改善日韩关系，增强日本的国际经济地位，2007 年 3 月 31 日两国进行了外长会谈，对于重新开展日韩经贸合作谈判交换意见。根据日本首相福田康夫 2008 年 2 月召开重启谈判预备会议的建议，双方于 6 月 25 日举行旨在为重启日韩 EPA 谈判创造良好氛围的务虚会议。然而，由于日韩关系因独岛（竹岛）主权而突然恶化，谈判再次被推迟。

虽然日韩两国存在相当敏感领域，但日—韩自由贸易协定对韩方来说短期内经济利益较小，加之韩国对日贸易赤字庞大等因素，都形成了日韩间自由贸易协定缔结的障碍，一些非经济因素也是日中韩自由贸易协定的障碍。

2011 年，中日韩在着眼于签署贸易协定方面的谈判在国际上备受关注。2013 年 3 月 26—28 日，在韩国首尔举行第一轮自由贸易协定谈判。2013 年 7 月 30 日—8 月 2 日，在中国上海举行第二轮自由贸易协定谈判。2014 年 2 月 18 日，中日韩三国自由贸易协定（FTA）谈判中期会议在北京召开，决定第四轮谈判将于同年 3 月 4—7 日在首尔举行。目前只是就贸易合作进行了一系列意见交流，仍未有具体协议出台。

（三）日本—越南

2005 年 12 月，小泉首相与潘文凯总理在东亚峰会期间达成协议，日一越 EPA 共同研讨会第一次会议于 2006 年 2 月正式举行。2006 年 4 月举行第二次会议后，双方决定尽快结束研讨，转入正式谈判。2007 年 1 月，日一越 EPA 第一次谈判正式开始，到 2008 年 9 月，日越双方已进行了九次谈判，就货物贸易自由化、服务贸易自由化、人员流动等主要议题达成一致。

2008 年 12 月 26 日，日本与越南已经签订自由贸易协定，该协定于 2009 年末开始生效。协定将几乎免除未来十年两国商品交易的所有税负。具体内容有日本自越南进口商品将减除 95% 的进口税，而越南也将对自日本进口商品减除 88% 的税。越南在东盟国家中最重视和日本的经济贸易，一方面，越南希望通过贸易引进日本的先进技术和大批投资资金；另一方面，越南的一些本土产品需要更广阔的国际销路，如丝绸和纺织业产品（到 2013 年，经历了欧洲经济危机之后，日本开始取代欧洲变成越南服装和纺织品的第二大进口方，这也与当初签订自由贸易协定，进行了一系列贸易交流有关，为日后的进口打下了制度基础）。

下面列出签署协议并生效后日本的贸易数据来进一步说明。从表 2-2 的数据和图 2-2 的走势中可以看出微妙的变化，不过变化不如日新贸易那么明显。

表 2-2　日本从越南进口总额（千日元）

	3 月	6 月	9 月	12 月
2009 年	54 222 278	49 723 585	57 609 160	60 827 554
2010 年	54 208 661	62 420 647	60 584 531	60 020 843
2011 年	60 552 079	80 245 414	90 437 126	84 220 640
2012 年	110 210 169	97 793 069	123 928 174	97 336 377

数据来源：日本内阁府；时间依据：季度。

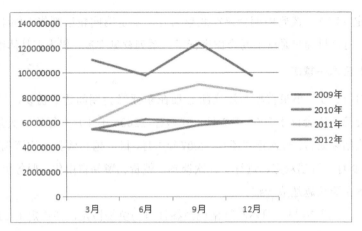

图2-2　2009—2012年日本从越南进口年度走势（千日元）

表2-3　日本从越南进口数额分行业图表（四个行业）

时间	日本从越南进口总额	进口额：原材料	进口额：制成品	进口额：纺织纱制品	进口额：服装鞋帽
2009/03	54 222 278	1 455 641	780 774	4 751 402	9 486 164
2009/06	49 723 585	1 474 547	862 150	4 511 028	7 032 284
2009/09	57 609 160	1 414 279	803 792	4 562 197	9 685 532
2009/12	60 827 554	1 458 045	789 653	5 337 420	7 837 615
2010/03	54 208 661	1 413 349	924 417	5 656 574	7 634 498
2010/06	62 420 647	1 643 053	1 005 008	6 878 224	6 997 427
2010/09	60 584 531	1 653 902	865 802	6 124 299	10 418 756
2010/12	60 020 843	1 833 105	1 100 074	6 803 402	10 095 443
2011/03	65 002 079	2 086 049	1 333 951	6 805 901	11 412 535
2011/06	80 245 414	2 412 391	1 391 999	8 698 321	11 070 424
2011/09	90 437 126	2 173 422	1 590 004	9 100 789	16 513 218
2011/12	84 220 640	2 120 370	1 043 622	8 609 401	12 128 047
2012/03	110 210 169	2 218 455	1 300 071	9 094 291	15 712 403
2012/06	97 793 069	2 377 903	1 322 302	9 004 127	12 199 518
2012/09	123 928 174	2 434 914	1 336 852	8 798 812	16 830 782
2012/12	97 336 377	2 641 632	1 513 340	9 765 976	15 183 963

数据来源：日本内阁府。

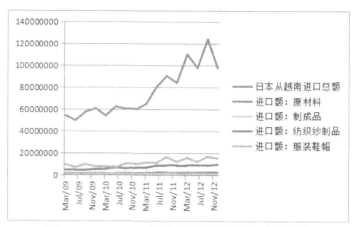

图 2-3　2009—2012 年日本从越南主要进口行业走势

（四）日本—印度

2005 年 4 月 20－30 日，小泉首相访印与辛格总理会谈，双方发表了题为《亚洲新时代的日印伙伴关系的共同声明》。同年 11 月，双方建立官产学共同研究会，开始了日—印自由贸易区的政府间共同研究。2006 年 7 月 17 日，小泉首相和辛格总理就尽快开始 EPA 谈判达成了一致意见。安倍上台后，继续承袭小泉的所谓"价值观"外交，把印度视为重要的谈判对象。

2007 年 1 月 31 日—2 月 2 日，日印进行了第一次谈判。同年安倍首相访问印度时，双方再次强调了 EPA/CEPA 对两国经济的重要性，并敦促相关人员积极展开谈判，力争早日缔结协定。2008 年 7 月 9 日，印度总理辛格在北海道洞爷湖参加八国首脑与发展中国家领导人会议期间与福田首相会谈，双方又就加快日印 EPA 谈判达成了一致。2008 年 10 月 6－9 日将举行了第十次谈判，双方就货物贸易、原产地规则、海关细则、服务贸易、投资自由化、知识产权保护等议题进行了磋商。

2011 年 2 月，日本与印度签署了自由贸易协定，两国承诺双边贸易中 94% 的商品关税将在十年内被取消。上述协定签署后，日本和印度将成为彼此最大的自由交易伙伴之一，可能提振电子产品和汽车生产商等日本出口企业。表 2-4 与图 2-4 中给出了一些数据，由于这段时间内的日本和印度贸易数据走势起伏不定，为了进一步分析，选取了全年 12 个月份的数据进行更准确的分析。

表 2-4　日本对印度 2011—2013 年出口额一览表（千日元）

	2010 年	2011 年	2012 年	2013 年
1 月	56 815 720	50 069 277	59 989 317	64 705 770
2 月	61 655 858	71 584 819	76 671 599	72 725 967
3 月	67 528 697	97 754 661	84 806 844	81 142 640
4 月	63 338 448	70 779 419	71 474 609	70 896 952
5 月	61 685 277	65 029 621	66 582 364	64 373 789
6 月	69 836 044	78 311 027	68 077 969	87 646 717
7 月	73 983 295	78 162 683	72 175 579	75 653 974
8 月	56 074 930	66 374 922	70 066 285	65 405 070
9 月	66 368 718	77 188 548	64 920 081	68 465 630
10 月	67 046 761	72 046 243	6 467 8276	
11 月	68 560 067	70 281 006	65 822 907	
12 月	78 820 999	84 498 337	79 770 383	

数据来源：日本内阁府。

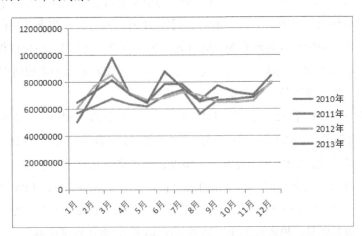

图 2-4　2011—2013 年日本对印度出口额年度走势（千日元）

从图表中可以看出，在日本对印度的出口方面，在协议最初签订的 2011 年，协议的效果可谓最明显，全年每个月的出口额度都超过了 2010 年，但是在 2012 年后半期开始有一定的缩减，这与当时的金融危机有关，在 2013 年又有所增加。另外可以看出，日本对印度的出口有明显的季度性，在不同的季度差别较大。

从表 2-5 与图 2-5 中可以看出，日本自印度的进口方面与之前讨论过的出口略有不同。2011 年的进口量有所起伏，有些月份甚至不如 2010 年同时期的进口量。2012 年后半期进口量有所下降，甚至低于 2010 年的数额，这与出口方面一致，都受到国际金融危机的影响。在 2012 年前半期以及 2013 年，进口额就远超 2010 年，实现了明显的增长。

表 2-5　日本对印度 2011—2013 年进口额一览表（千日元）

	2010 年	2011 年	2012 年	2013 年
1 月	46 835 210	42 284 075	53 427 042	65 249 105
2 月	38 662 218	47 584 617	37 894 404	41 242 721
3 月	40 443 717	44 077 216	53 574 594	59 072 246
4 月	44 321 464	57 932 804	52 499 783	59 331 869
5 月	50 062 012	46 689 119	56 991 380	60 027 051
6 月	36 919 036	45 807 014	41 208 696	49 163 067
7 月	46 259 898	39 574 141	48 196 238	56 218 672
8 月	42 463 137	48 747 357	46 022 217	56 919 689
9 月	33 747 037	40 092 219	33 181 161	51 690 556
10 月	46 303 265	36 395 595	39 418 274	
11 月	38 370 101	50 820 892	44 106 866	
12 月	34 477 098	43 285 419	51 959 132	

数据来源：日本内阁府。

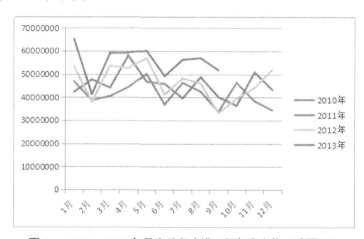

图 2-5　2011—2013 年日本从印度进口额年度走势（千日元）

（五）日本—老挝、柬埔寨、缅甸

作为日本—东盟全面经济伙伴关系协定谈判的一环，日本分别与老挝、柬埔寨、缅甸进行了双边协商，第一次双边协商分别在 2005 年 7 月 8 日、7 月 22 日和 7 月 28 — 29 日进行。为帮助东盟后四国缩小与其他国的经济差距，2005 年 12 月 13 日，小泉首相在吉隆坡参加东亚峰会期间与越南、缅甸、老挝、柬埔寨领导人一起会谈，表示为促进湄公河流域开发，日本今后三年将提供 15 亿美元的援助。

2007 年 1 月和 3 月，日本分别与柬埔寨和老挝开始了投资协定的谈判，日—柬协定于同年 6 月 14 日正式签署，日—老协定于 2008 年 1 月 16 日签署。2008 年 7 月 1 日，日—柬两国就日柬投资协定的早日生效交换了照会，该协定于同月 31 日正式生效。

（六）日本—澳大利亚

日本是澳大利亚最大的贸易伙伴和第三大海外投资来源国（累计额），澳大利亚是日本铁矿石、煤炭等资源的主要供给国，在政治方面也是日本的重要伙伴。因此，小泉首相 2002 年 1 月访问东盟五国时所提出的"小泉构想"，就意欲吸收澳大利亚进入东亚共同体。2005 年 4 月，霍华德总理访日与小泉纯一郎首相会谈，双方交换了对于建立政府间共同研究问题的意见，并基本达成一致。经过四次共同研究，2006 年 12 月发表共同研究报告后，2007 年两国首脑的电话会谈谈判达成了一致。2007 年 4 月 23 — 24 日，日—澳 FTA 进行了第一次谈判，到 2008 年 8 月 11 日双方已进行六次谈判，在货物贸易、服务贸易、投资、知识产权、政府采购、能源等领域取得了积极的进展。不过在这期间也面临着很多困难，比如日本在农产品自由化方面一直非常谨慎，要达成协议还需时日。为此，2008 年 6 月 12 日，日本首相福田康夫与澳大利亚首相凯文·鲁迪发表了"全面的安全、经济战略伙伴联系"联合宣言，再次强调了两国经济的高度互补性。鉴于农业是双边 EPA 的敏感领域，福田首相强调日本很重视从澳大利亚的能源及矿物资源的稳定进口，愿在各个领域逐一探讨，致力于缔结互惠互利的 EPA。

2014 年 4 月 7 日，日本和澳大利亚就自由贸易协定达成一致。这标志着澳大利亚成为首个与日本达成贸易协定的农产品出口国，也是第一个打破日本较高贸易壁垒的主要农产品出口国。日本是澳大利亚第 2 大贸易伙伴，这份协议的签订对双方都具有重大意义。这份协议中涉及了多个领域，其中有以下一些要点：

第一，在对日出口领域，许多澳大利亚农产品将获得大幅度关税减免或者直接取消关税。牛肉、奶酪、园艺、酿酒以及海鲜产品获得对日出口的优先准入，而羊毛、棉花、羊肉和啤酒产业将享受零关税待遇。大量澳大利亚对日出口的农产品将取消关税，比如糖、水果、蔬菜、坚果、海产品及罐头产品等。

第二，能源矿产领域，10 年之内所有澳大利亚能源和矿产出口产品的关税也将取消。事实上，目前澳大利亚出口日本的许多资源产品已免除关税，比如煤、铁矿石、液化天然气等。但随着协议的实施，剩余所有资源产品的关税在 10 年内也将取消，其中包括镍和铁合金。而炼焦煤、石油、氢氧化铝和二氧化钛产品将获得立即免除关税的待遇。

第三，投资领域，澳大利亚在协议中承诺将吸引更多日资。该协议还包含了知识产权方面的承诺，这意味着澳创意产业和创新人员在日本将受到和在澳大利亚市场同等的保护。

对于第一点的部分商品关税问题，以牛肉产业为例，牛肉是澳大利亚对日出口的主要农产品，目前出口额为 14 亿澳元（约合 12.98 亿美元）。协定生效后，冷冻牛肉关税将从 38.5% 逐步降至 19.5%，生鲜牛肉关税也将降至 23.5%。与此同时，澳大利亚方面基本同意停止对日本收取 5% 的汽车进口关税。根据细则，在该协议生效的第一年，冷冻牛肉进口关税降至 30.5%，而冰鲜牛肉关税降至 32.5%，分别有 19.5 万吨冷冻牛肉和 13 万吨冰鲜牛肉享受这一税率优惠。另外，奶酪是澳大利亚向日本出口最多的奶制品，出口额约为 3.72 亿澳元（约合 3.45 亿美元）。协定生效后，奶酪将获得免税待遇，冷冻酸奶等奶制品也将享受这一待遇。

由于这项协议刚刚签订，还不能估计其宏观影响的具体效果。而表 2-6 和图 2-6 中列出 2012—2013 年的数据能够说明双方贸易的额度。

表 2-6　日本从澳大利亚进口数额 2012—2013 年一览表（千日元）

	进口总额	进口额：食品	进口额：原材料—铁矿石	进口额：矿物燃料
2012/01	407 436 912	27 013 138	263 433 287	76 644 977
2012/02	345 672 994	27 382 404	212 821 544	67 972 635
2012/03	376 619 116	27 5961 53	233 286 063	74 586 453
2012/04	366 184 963	28 425 687	222 152 884	74 522 250
2012/05	420 298 355	29 106 944	257 074 814	87 527 122
2012/06	322 027 540	28 406 601	181 640 171	71 397 332
2012/07	400 059 746	33 878 879	252 091 068	67 109 333
2012/08	414 121 888	37 288 581	239 415 954	88 530 454
2012/09	386 897 007	36 789 314	248 924 598	57 294 795
2012/10	369 919 905	35 528 874	228 347 454	67 553 424
2012/11	338 618 648	31 633 782	199 547 453	64 498 413
2012/12	355 791 465	28 705 275	225 325 535	65 876 617
2013/01	391 003 995	26 897 189	244 140 332	68 842 536
2013/02	352 470 993	28 026 654	227 433 586	56 349 307
2013/03	400 147 730	35 721 418	249 124 007	68 566 196

	进口总额	进口额：食品	进口额：原材料—铁矿石	进口额：矿物燃料
2013/04	397 050 225	29 412 598	244 117 017	83 164 175
2013/05	449 585 945	38 148 389	246 905 411	110 292 798
2013/06	416 165 968	27 260 307	260 974 567	77 642 412
2013/07	463 216 543	41 969 891	275 617 305	102 110 844
2013/08	436 403 265	36 812 131	271 606 112	85 327 422
2013/09	423 301 125	37 591 369	251 969 468	90 425 634

数据来源：日本内阁府

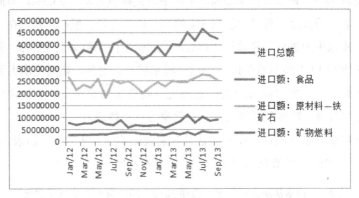

图 2-6　2011—2013 年日本从澳大利亚进口数额年度走势（千日元）

从数额上首先可以看出日本作为澳大利亚第二大经济伙伴对其贸易的贡献。另外，在总额中，食品进口占了相当大一部分（即澳大利亚出口的牛肉、干酪等），这样，双方贸易协定签订之后，由于放宽了在这些方面的关税，可以预见未来的贸易额度会出现增长。

（七）日本—泰国

日本是泰国最大的贸易伙伴，是泰国最大的出口市场之一，也是该国最大的外国投资方，泰国非常重视与日本的经济合作关系。2004 年 2 月 16 日，为缔结日本与泰国两国间自由贸易协定（FTA），首次政府间的谈判在位于曼谷的泰国外交部召开。此次会议就今后如何推进谈判等问题进行了协商。泰国原计划于 2006 年 4 月 3 日与日本签订自由贸易协定，但是，由于泰国他信总理解散议会，泰国决定推迟与日本签订两国的自由贸易协定（FTA），同时与美国进行的自由贸易协定的谈判也暂停下来。

2007 年 4 月 3 日，泰国驻日官员表示，泰国总理素拉育已经与日本首相安倍晋三举行了会晤，并签订双边自由贸易协议（FTA）。当日，日本内阁正式通过《日本—

泰国经济伙伴协定》（该协定是日本对自由贸易协定的称谓，其中除传统的关税减免等内容外，还包括投资、服务、人员往来自由化等多元合作）。

对于此次协议，日本外务省发表声明称，此协议将加速两国贸易自由化及投资，并扩大双方的经济活动。对日本而言，二战后，日本大力发展与泰国的经贸关系，把泰国作为其在东南亚的投资基地。泰国是继新加坡、马来西亚之后第三个与日本签署该协定的东盟国家，将为未来日本与其他东盟国家签署经济贸易协定铺平道路，也是日本推动与东亚地区贸易自由化进程的重要一环，此次签署经济伙伴协定无可争议具有重要意义。表 2-7 将日本对泰国的进口金额、出口金额和进口金额中的食品部分列入一张表中，便于分析。

表 2-7　日本对泰国 2009—2012 年贸易金额分项一览表（千日元）

	日本对泰国出口金额	日本对泰国进口金额	进口额：食品
2009/01	130 968 422	118 443 836	22 987 033
2009/02	119 180 650	106 570 976	22 824 635
2009/03	130 435 267	115 839 660	23 447 156
2009/04	133 947 502	117 015 915	27 320 985
2009/05	138 317 468	107 817 837	22 154 451
2009/06	159 711 760	124 321 498	26 275 263
2009/07	187 445 847	132 296 050	28 289 604
2009/08	190 823 442	125 419 010	25 582 430
2009/09	203 961 221	131 952 306	23 604 018
2009/10	224 037 867	140 641 823	26 294 972
2009/11	212 066 113	142 223 744	27 128 899
2009/12	238 809 217	132 626 591	27 947 365
2010/01	214 992 077	129 866 188	21 223 835
2010/02	224 302 216	136 074 960	23 997 215
2010/03	241 229 522	154 156 149	26 674 238
2010/04	245 177 742	151 736140	27 386 358
2010/05	239 757 517	143 334 577	22 882 139
2010/06	266 842 340	164 212 159	31 852 085
2010/07	278 044 491	167 125 481	30 398 963
2010/08	244 937 870	160 933 623	29 506 913
2010/09	262 761 206	164 162 665	26 307 452
2010/10	262 199 156	148 646 069	24 350 063
2010/11	245 734 753	161 989 892	26 221 754

续表 2-7

	日本对泰国 出口金额	日本对泰国 进口金额	进口额: 食品
2010/12	267 741 965	157 774 657	26 471 588
2011/01	234 507 429	153 729 768	23 583 152
2011/02	251 792 328	156 102 437	26 535 725
2011/03	259 957 223	170 513 787	32 259 693
2011/04	259 492 917	163 741 679	36 287 293
2011/05	219 791 457	162 686 550	28 049 769
2011/06	264 478 336	185 112 785	37 491 351
2011/07	267 349 958	175 359 320	34 919 030
2011/08	267 499 986	178 621 711	35 731 710
2011/09	305 125 145	176 507 208	36 536 671
2011/10	248 538 152	161 635 854	29 405 765
2011/11	186 840 181	142 878 354	30 940 829
2011/12	223 141 713	126 273 573	26 735 600

数据来源：日本内阁府

根据图 2-7，日本对泰国的出口额度超出进口额度很多，且差距有加大的趋势，另一方面，两者都呈现出逐年增长的趋势。相对而言，在食品进口方面，虽然逐年也有微弱的增长，但是相对于总进口额来说起伏更小，增长更平稳。

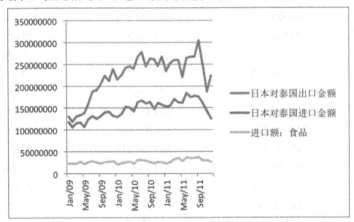

图 2-7 2009—2011 年日本与泰国进出口额走势（千日元）

（八）日本—美国

日本政府在 2002 年制定 FTA 战略时，并没有把美国作为首要的缔结对象来考虑，首先是由于当时的税率水平（见表 2-8），显然，与北美和欧洲的工业化国家相比，和东亚国家缔结 FTA 能够更好地促进双边贸易自由化，产生更大的经济利益；二是日本认为农业问题的处理在日—美 FTA 中会相当棘手，因此当前应着眼于"加强特定领域（如互相认证）的双边合作，并推动经济治理改革方面的交流"。另一方面，日本对农产品的顽固保护和其竞争力极强的工业产品都是双方贸易自由化的焦点，美国也一直希望在 WTO 的框架下解决与日本的自由贸易问题，并不急于签署日—美 FTA。

表 2-8　2002 年关税税率水平一览表

	美国	欧盟	中国	马来西亚	韩国	菲律宾	印度尼西亚
平均关税税率	3.6%	4.1%	10%	14.5%	16.1%	25.6%	37.5%

2007 年 4 月 3 日，在韩—美 FTA 取得了实质性进展，达成协议以后，日本政府对日—美 FTA 的态度很快变得积极起来，日本内阁官房长官盐崎说日本要积极地与美国、加拿大、新西兰等国进行接触。4 月 16 日，日本经济产业省产业结构审议会贸易政策部会讨论了今后推进 EPA 的方略，提出"向前看"的积极姿态，通盘考虑与美国和欧盟的 EPA。4 月 27 日，安倍首相访美与布什总统会谈，双方就加强 FTA 方面的信息交流达成了共识。6 月 8 日，日本政府起草《经济财政运营的基本指针》，明确地把日—美 FTA、日—欧 FTA 谈判列为了"将来的课题"。

目前，美国希望日本放开稻米、牛肉、猪肉、牛奶和白糖行业，而这些领域正是安倍誓言要保护的，日本希望美国就放弃汽车进口税设定时间表。美国对来自日本的乘用车征收 2.5% 的关税，对轻型卡车征税 25%。两国尚未签署具体协议。

（九）日本—欧盟 FTA

同对待日—美 FTA 的态度一样，日本起初将与欧盟的 FTA 放在了长期的视角考察。然而，随着欧盟与世界各国缔结 FTA 的增加，特别是欧盟在美—韩 FTA 取得实质性进展的情况下也准备与韩国缔结 FTA，日本的态度也不得不积极起来了。如前所述，日本政府在 2007 年 6 月 8 日起草的《经济财政运营的基本指针》中，也明确地把日—欧 FTA 谈判列为了"将来的课题"。2008 年 4 月 23 日，在日本—欧盟第十七届峰会上，双方表示要在高层协商会议等机制的全面协调下开展各种双边对话，加强消费者安全、公众健康、知识产权保护、海关治理、金融服务、航天服务、科学技术、高等教育等领域的合作。

欧盟是日本第三大贸易伙伴，2011 年双方商品贸易额达 1 180 亿欧元，同时欧盟也是日本第三大出口目的地和第二大进口来源地。双方都希望能就自由贸易区合作方面进行谈判，达成新的合作关系。

长期以来，欧洲出口商在日本贸易都有非常艰难的非关税贸易壁垒，使得投资非常困难。2013年3月25日，欧盟与日本的经济伙伴关系协定谈判正式启动，到10月进行了三轮谈判，欧盟和日本都希望能尽快达成协议，从中获利。由于长期的合作不畅，双方在消除非关税贸易壁垒、保护知识产权、进一步开放市场等方面还有很多具体问题需要解决。谈判过程可能会因此迁延时日。

（十）日本—其他

日本在处理与周边国家及与国际社会主要国家建立经济合作伙伴关系的同时，也将目光投向了加拿大、巴西、秘鲁、南非、冰岛等国，研究与这些国家缔结双边FTA的可行性。

2005年11月19日，小泉首相与加拿大总理马丁在釜山APEC非正式首脑会议期间会谈，双方签署了旨在扩大贸易和投资的《日本—加拿大经济框架协议》。以此为基础，双方同意在12月建立FTA共同研究会，在一年内拿出研究报告。2008年6月，加拿大外长埃莫森访日期间表示，在两国建交80周年之际，双方的经济联系应得到进一步提升，高村正彦外相表示愿为加强两国在能源部门以及贸易、投资等领域的合作而努力。

2005年5月26日，巴西总统卢拉访日与小泉首相会谈，双方就进一步加强经贸关系达成了共识；2006年7月，日巴21世纪协议会召开第二次会议，小泉首相就7个领域56个项目的合作提出了具体建议；2007年3月5日，日巴21世纪协议会召开第三次会议，双方就加强战略性经济伙伴关系达成了一致，决定加强FTA的共同研究和共同协商。

2006年11月20日，秘鲁外长加西亚·贝朗德与日本外相麻生会谈，提出了以缔结FTA为目标加强双边经贸关系的建议，受到了麻生外相的欢迎；2008年3月秘鲁总统加西亚访日，与日本天皇探讨了加强两国之间的合作等问题。

2005年7月7日，日本经济产业大臣中川昭一与南非贸易部长姆帕赫卢瓦会谈，双方就建立研究会共同研究FTA达成了一致。

2005年7月11日，小泉首相访问冰岛与阿斯格林姆荪总理会谈时，双方就缔结FTA和航空协定等达成了共识。

三、日本的对外贸易困境

虽然日本在战后，尤其是 2002 年以后，尽力发展了与周边国家的关系，签订了一系列经济合作伙伴协议，但是仍然问题重重。日本近几年来一直处于贸易逆差且逆差持续拉大的境况之中。2013 年，日本贸易逆差达到历史新高的 11.4745 万亿日元，是连续第三年出现贸易逆差。在过去的几十年中，日本长崎保持着对外贸易的高额盈余，作为曾经资金充裕的经济强国，面对这疲软的贸易赤字，日本也开始有些力不从心。这种情况有很多原因，如日元的持续贬值，日本对石油天然气的进口大幅增加，日本资产外逃现象严重，国内产业亏空等。要解决这些问题，日本的对外贸易并不是仅通过签订贸易协议就可以解决的，日本还有很长的路要探索。

第二节　韩国自由贸易协定（FTA）报告

经济关系相对紧密的国家间建立特惠贸易，达成双边协定已经成为当今应对世界经济变化和贸易竞争日益竞争激烈的手段。韩国也不例外，因为其对外经济依赖度极高，为维持现有的出口并争做世界贸易大国，正在积极推进 FTA。在 9 个已经签订并且生效的 FTA 国家中，韩国对美国、欧盟以及东盟双边贸易与投资联系更为紧密，因此重点分析韩—美、韩—欧和韩—东盟的 FTA 协议内容以及实施状况，发现韩国与美国、欧盟间的协议由于生效时间尚短，FTA 并未完全发生作用，甚至对韩国出现了负面影响，而韩国一东盟 FTA 生效后短期内增加贸易和投资，但是根据双边贸易贡献度来看，FTA 并不能长期有效地增加双方的贸易依赖度。而韩国对同属于东北亚经济圈内的中国与日本的贸易联系更加紧密，特别是对于中国，中国已经是韩国第 1 大贸易伙伴和第 1 大投资市场，对中国的贸易依赖度极高，又与中国产业存在较强的互补性，因此中—韩 FTA 有望在调解一些敏感问题后达成一致，而中日韩 FTA 的何时能协商一致，很难预料。

中日韩和中一韩的自由贸易协定正在同时进行谈判中，已分别在韩国首尔举行了中日韩 FTA 第四轮谈判和中韩 FTA 第 10 轮谈判，至今还没有达成协议，特别是中日韩的 FTA 存在多处争端与敏感问题。作为此两项协议的共同参与方，韩国是以出口为导向的国家，长期对外依存度极高，为了抢占世界市场，提高自身在国际贸易中的地位，韩国大力推行了 FTA 战略，积极推进与各国的 FTA 谈判进程，现在已经与 12 个国家缔结了自由贸易协定，并且其中 9 个已经生效。本节将以韩国已经签订并且生效的 FTA 为研究对象，探究韩国贸易与投资现状，对外经贸关系以及 FTA

在其中所发挥的作用，研究中日韩以及中—韩 FTA 的签订的前景。

一、自由贸易协定（FTA）理论、发展与现状

"自由贸易协定（FTA）"定义为由两国或多国以及区域实体间根据 WTO 的相关规则，为实现相互之间贸易的自由化，所签订的具有法律约束力的契约，包括通过关税废除、服务和投资自由化、知识产权、政府采购、相互认证、竞争政策、贸易救济制度等政策调节部分等区域性贸易安排，促进经济一体化，允许商品与服务在成员国之间自由流动。[1] 这种 FTA 的形式是成员国之间特惠贸易协定，这显然违背了 WTO 最惠国待遇（MFN）原则。然而，在 WTO 协定里（GATT 条款 24）对 FTA 做了例外规定，允许其在一定条件下存在。[2]

在研究自由贸易协定所带来的福利效应中，根据 Viner 在《关税同盟问题》中对于"静态效应"的开创性研究，FTA 会通过消除贸易壁垒给成员国带来贸易创造和贸易转移。而 Kemp 和 Wan 通过重新设定外部关税的假设，证明了 FTA 可以不让任何国家受损。[3] 并且通过提高劳动生产率和资本积累又间接促进各国的经济增长"动态效应"。除此之外，根据贸易伙伴不同，覆盖的范围不同，各国签订的 FTA 内容可以更加有针对性，更加灵活自由、简单有效，可以实现资源的合理配置以及扩大双方的市场，因此从 20 世纪 80 年代中期以来，越来越多的 WTO 成员国，由于他们之间利害关系和经济发展程度的巨大差距以及 FTA 更多的优势，绕开多边谈判，直接参与区域或者双边自由贸易协定谈判，特别是历时七年的乌拉圭回合之后，历经曲折的多边贸易会谈——多哈会谈仍然停滞不前，而这种只考虑少数成员国利益的双边 FTA 成为了各国和他国进行贸易往来的主要手段。

截至 2014 年 4 月，向 WTO 通报并且生效的 FTA 有 218 个。从地区分布来看（见图 2-8）[4]，亚洲、美洲和欧洲起步较早，占 FTA 总数较大的份额（其中独立国家联合体 CIS 主要涉及亚欧国家以及 CIS 与欧洲的 FTA 协议）。从欧洲情况来看，主要以欧盟（EU）以及欧洲自由贸易联合体（EFTA）为主要轴心向外辐射；从亚洲情况来看，主要以东盟自由贸易区（AFTA）最多；从美洲情况来看，是以北美自由贸易区（NAFTA）和南方共同市场（MERCOSUR）发展最快。最近几年签订情况来看，跨区域的双边和多边 FTA 发展迅速，很大一部分不仅在于全球资本高度流动，更在于区域内国家很多发展水平差距大，市场开放程度不同，难以在贸易问题上协商一致。许多有实力的国家，加快了跨区域的贸易联系的步伐。

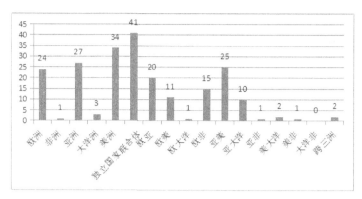

图 2-8　世界 FTA 数量的地区分布

从 FTA 签订的内容来看，其中覆盖货物的 FTA 有 109 个，覆盖货物和服务 FTA 有 109 个。以前的 FTA 主要涉及货物贸易自由化方面，现在 FTA 内容不仅涉及货物，而且涉及服务贸易自由化，并且包括了技术、知识产权、投资、劳动、环境和经济合作方面。

二、韩国 FTA 以及韩国经贸现状

在面对全球化的发展，各国经济体之间合作与竞争并存，签署 FTA 不仅通过消除贸易壁垒给区域内成员之间的贸易提供了便利，而且可以弥补 WTO 框架下多边贸易机制的不足，为本国赢得贸易投资利益，因此许多国家积极推进 FTA，韩国也不例外。韩国一直以来都是外向型经济，对外经济规模占了 GDP 的 80%，对外依存度极高。因此，为了提高出口产品竞争力，维持现有的出口市场以及进军新市场，韩国必须与其主要的贸易国家签订 FTA。此外，由于自然资源缺乏，为了扩展能源进口渠道，韩国也正积极推进与能源出口国的 FTA 进程。

（一）韩国 FTA 现状

韩国自 2003 年卢武铉政府期间开始，积极推进 FTA，致力于 50 多个国家的自由贸易谈判，把签署自由贸易协定、与多个国家建立自由贸易区作为融入世界市场、加快经济发展和维护本国国家利益的重要手段。虽然起步较晚，但是短短十年已经签订并生效了 9 个（包括智利、新加坡、EFTA、ASEAN、印度、欧盟、秘鲁、美国和土耳其），签订但未生效的 3 个（包括哥伦比亚、澳大利亚、加拿大），另外与多个国家处于谈判进程中，其中也包括与一些国家之间的谈判被搁置。下面，为了清晰直观地展现韩国 FTA 签署现状，特地总结并制定下表（见表 2-9）。[5]

表2-9　韩国FTA现状

已签署且生效的FTA	生效时间	覆盖范围
韩国—智利FTA	2004/4/1	货物、服务贸易、投资等领域
韩国—新加坡FTA	2006/3/2	货物、服务贸易、投资等领域
韩国—欧洲自由贸易联盟FTA	2006/9/1	货物贸易，通过程序及原产地、服务和投资、知识产权及政府采购等领域
韩国—东盟FTA	2007/6/1 2009/9/1	货物、服务贸易、投资、争端解决等领域
韩国—印度CEPA	2010/1/1	货物、服务贸易、投资及经济合作等经济领域
韩国—欧盟FTA	2011/7/1	货物、服务、投资、知识产权、政府采购等领域
韩国—秘鲁FTA	2011/8/1	货物，能源合作等领域
韩国—美国FTA	2012/3/15	货物，服务贸易、投资、知识产权等领域
韩国—土耳其FTA	2013/5/1	货物贸易、知识产权、争端解决等领域
已签订未生效（签订日期）	正在谈判中	搁置谈判（重启条件）
哥伦比亚 (2012.06.25)	● 中国	日本
澳大利亚 (2013.12.05)	● 韩—日—中	墨西哥
加拿大 （2014.03.11）	● 印度尼西亚（CEPA） ● 区域全面经济伙伴关系 ● 越南 ● 新西兰	海湾合作委员会

由表2-9可知，从签订的区域来看，与韩国签署FTA和正在谈判的国家和地区已经覆盖到北美洲、南美洲、欧洲、亚洲、非洲等地，在地理上分布广泛且均匀。从签订的国家来看，与韩国第一个签署FTA的国家是智利，第一个亚洲国家是新加坡，最重要的是韩—美FTA，韩国也是亚洲国家中最早的与欧盟FTA达成妥协的国家。并且韩国谈判对象多数为发达国家或新兴经济体。从签订的内容来看，覆盖范围全面并且质量较高，大多数均包含了货物、服务贸易，投资领域。由此可见，韩国虽然是一个领土面积小、人口少、资源缺乏的国家，但是对于推进FTA却是一直持有积极态度，努力付诸实践与各国开展谈判。然而由于在谈判中产生分歧争端，有些谈判被迫中断，例如韩日谈判因日方在农作物和水产品领域提出低水准的开放方案，两国间的分歧增加，而最终被迫中断，而后由于独岛等领土纷争问题使得谈判重启事宜又被无限推迟。目前被中断等待重启的包括日—韩FTA、韩—墨FTA以及韩—海湾合作委员会FTA。

（二）韩国贸易现状

第一，韩国贸易概况。韩国的经济在1962年世界GDP排名中位列第101名，之后开始快速提升。根据2014年4月8日IMF发布世界GDP排名，韩国2013年的

GDP 排名世界第 15 名，人均 GDP 排名世界第 33 名。在过去的 60 年间，韩国在纺织工业、船舶工业和半导体工业高速发展，随后创造了"汉江奇迹"。其实在 1962 年，韩国政府在"1·5"计划中首先采用的是进口替代战略，但是计划第一年经济运行并不理想，随后在 1964 年宣布了"1·5"计划的补充计划，进而转变为出口导向型战略，出口的增长带动了生产的增长，从此韩国经济才真正开始腾飞。[6] 直至今天，韩国仍然是典型的出口导向型的国家，贸易规模仍然逐年递增，整体贸易呈现顺差状态，除了 2008 年受到全球金融危机影响，贸易出现了 132.7 亿美元的逆差，即使是危机后一年（2009 年）进出口贸易额均下降，仍然是呈现顺差状态，并且贸易额在此后又逐年递增（见图 2-9）。

　　韩国的主要贸易伙伴包括中国、美国、日本和欧盟，从 2003 年以来中国成为韩国第 1 大贸易伙伴，韩国与中国之间进出口均占最大的比重；而欧盟从 2007 年之后超过美国成为韩国第 2 大贸易伙伴。从出口来看，中国是韩国第 1 大出口对象，欧盟排在第 2 位（见表 2-10）；从进口来看，中国仍然是韩国第 1 进口来源，其次是日本，欧盟排在第 3 位（见表 2-11）。[7]

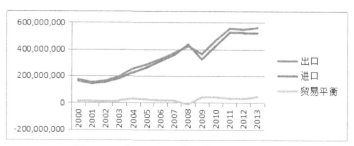

图 2-9　2000—2013 韩国进出口贸易状况

表 2-10　韩国主要贸易国出口额及其百分比（单位：百万美元，%）

	总体	美国	比例	中国	比例	日本	比例	欧盟	比例
2000	172 268	37 611	21.88%	18 455	10.71%	20 466	11.88%	23 424	13.60%
2001	150 439	31 211	20.75%	18 190	12.09%	16 506	10.97%	19 627	13.05%
2002	162 471	32780	20.1%	23 754	14.62%	15 143	9.32%	21 694	13.35%
2003	193 817	34 219	17.66%	35 110	18.11%	17 276	8.91%	24 887	12.84%
2004	253 845	42 849	16.88%	49 763	19.60%	21 701	8.55%	37 830	14.90%
2005	284419	41 343	14.54%	61 915	21.77%	24 027	8.45%	43 659	15.35%
2006	325 465	43 184	13.27%	69 459	21.34%	26 534	8.15%	48 450	14.89%
2007	371 489	45 766	12.32%	81 985	22.07%	26 370	7.10%	55 982	15.07%
2008	422 007	46 377	10.99%	91 389	21.66%	28 252	6.69%	58 375	13.83%

续表 2-10

	总体	美国	比例	中国	比例	日本	比例	欧盟	比例
2009	363 534	37 650	10.36%	86 703	23.85%	21 771	5.99%	46 608	12.82%
2010	466 384	49 816	10.68%	116 838	25.05%	28 176	6.04%	53 507	11.47%
2011	555 214	56 208	10.12%	134 185	24.17%	39 680	7.15%	55 727	10.04%
2012	547 870	58 525	10.68%	134 323	24.52%	38 796	7.08%	49 371	9.01%
2013	559 632	62 052	11.09%	145 869	26.07%	34 662	6.19%	48 857	8.73%

表 2-11　韩国主要贸易国进口额及其百分比（单位：百万美元，%）

	总体	美国	比例	中国	比例	日本	比例	欧盟	比例
2000	160 481	29 242	18.22%	12 799	7.98%	31 828	19.83%	15 788	9.84%
2001	141 098	22 376	15.86%	13 303	9.43%	26 633	18.88%	14 921	10.58%
2002	152 126	23 009	15.12%	17 400	11.44%	29 856	19.63%	17 107	11.25%
2003	178 827	24 814	13.88%	21 909	12.25%	36 313	20.31%	19 383	10.84%
2004	224 463	28 783	12.82%	29 585	13.18%	46 144	20.56%	24 187	10.78%
2005	261 238	30 586	11.71%	38 648	14.79%	48 403	18.53%	27 296	10.45%
2006	30 383	33 654	10.88%	48 557	15.69%	51 926	16.78%	30 061	9.72%
2007	356 846	37 219	10.43%	63 028	17.66%	56 250	15.76%	36 824	10.32%
2008	435 275	38 365	8.81%	76 930	17.67%	60 956	14.00%	39 981	9.19%
2009	323 085	29 039	8.99%	54 246	16.79%	49 428	15.30%	32 232	9.98%
2010	425 212	40 403	9.50%	71 574	16.83%	64 296	15.12%	38 721	9.11%
2011	524 413	44 659	8.50%	86 432	16.48%	68 320	13.03%	47 424	9.04%
2012	519 584	43 341	8.34%	80 785	15.55%	64 363	12.39%	50 374	9.70%
2013	515 586	41 512	8.05%	83 053	16.11%	60 029	11.64%	56 230	10.91%

从贸易平衡来看，韩国的贸易逆差主要源于日本和中东的一些产油国家，2013年同沙特阿拉伯和日本的逆差有所下滑。顺差主要来自中国大陆、中国香港和美国，2013 年顺差额分别为 628.2 亿美元、258.3 亿美元和 205.4 亿美元（见表 2-12）。

表 2-12　韩国 2013 年贸易差额主要来源（单位：百万美元）[8]

国家和地区	2013 年 1—12 月	上年同期	同比 %
总值	44 047	28 285	55.7
主要顺差来源			
中国大陆	6 817	53 538	17.3
中国香港	25 827	30 548	− 15.5
美国	20 541	15 184	35.3
越南	13 912	10 227	36
新加坡	11 920	13 212	− 9.8

国家和地区	2013 年 1—12 月	上年同期	同比 %
墨西哥	7 427	6 451	15.1
马绍尔群岛	7 266	3 815	90.5
印度	5 196	5 001	3.9
菲律宾	5 077	4 927	3.1
土耳其	4 966	3 879	28
主要逆差来源			
沙特阿拉伯	− 28 837	− 305 95	− 5.7
日本	− 25 367	− 25 567	− 0.8
卡塔尔	− 25 022	− 24 775	1
科威特	− 17 592	− 16 713	5.3
阿联酋	− 12 385	− 8 254	50.1

第二,货物贸易。从韩国货物贸易种类分布的情况来看,2013 年的机械与运输设备贸易额占第 1 位,其贸易达到 4 400 亿美元,占贸易总额的 41%;其次是矿物燃料、润滑剂以及相关材料,占贸易总额的 22%。基本上最近几年都是机械和运输设备的贸易总额占第 1 位(见表 2-13)。从进口来看,矿物燃料、润滑油以及相关材料为第 1 位,而出口贸易额机械与运输设备占比重最大(见图 2-10、图 2-11)。[9]

表 2-13 2013 年韩国按 SITC 产品进出口贸易(百万美元)

SITC	产品描述	进口	出口
0	食物以及活的动物	21 894	4 871
1	饮料及烟草	1 006	1 254
2	非食用材料(除燃料外)	34 524	6 707
3	矿物燃料、润滑油及相关材料	180 431	54 113
4	动物和植物油、脂肪和蜡	1 052	67
5	化学品及相关产品	46 911	66 167
6	轻纺、橡胶、矿业产品及其制成品	55 141	71 687
7	机械和运输设备	134 645	305 613
8	杂项制品	38 560	47 716
9	未分类其他产品	1 419	1 439
	总额	515 586	559 632

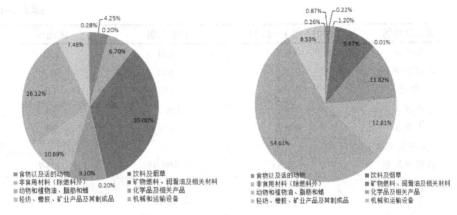

图 2-10　按 SITC 产品进口贸易比重　　图 2-11　SITC 产品进口贸易比重

　　从货物贸易的增长趋势来看，基本上都是呈现逐年增长趋势，除了 2008—2009 年受金融危机影响，贸易总额均下降，出现低谷。其中影响最深的是机械及运输产品、矿物燃料、润滑油及相关材料、轻纺橡胶以及矿业产品及其制品。其中机械及运输产品贸易额基本上每年都占据最大量，大多数来源于机械与运输产品的出口额。韩国产业主要是制造业以及服务业，主要出口产品以造船、汽车、电子、钢铁、纺织等产业为主。虽然韩国的船舶出口受到欧债危机的影响，在 2009—2012 年之间有所放缓，但是仍然保持第 1 大船舶出口国地位（见图 2-12）。[10]

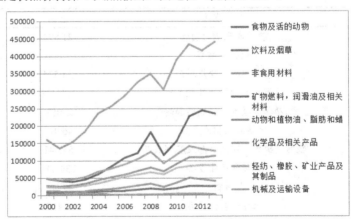

图 2-12　韩国 2000—2013 年按 SITC 产品分类贸易总额（单位：百万美元）

　　第三，服务贸易。根据 WTO 发布的 2013 年国际贸易统计年鉴，韩国的商业服务贸易，2002—2012 年，出口年均增长率达到 14.9%，而进口增长率达到 12%。可以观察到，从一开始商业服务贸易基本呈现逆差趋势，在 2006—2007 年出现赤字高峰。有专家分析，韩国在海外投资的步伐中，更多地依赖国外的服务，海外投资越多，赤字也就越多。从表 2-14 中可以看到，在 2007 年之前，商业服务贸易出口占世界服务贸易总额比重的 2% 以下，而 2007 年之后基本逐渐成上升趋势，在 2012 年达到 2.52%，同样进口服务贸易额占世界总额比重也达到 2.58%。[11] 韩国的服务贸易总体规模逐渐扩大，更多地参与到世界的服务贸易之中。从服务贸易的结构来看，交通运输出口额占服务贸易出口总额的 37.2%，占全球交通运输贸易出口总额的 4.6%，仅次于欧盟、美国和新加坡，其交通运输进口额占服务贸易进口总额的 28.13%，占全球交通运输进口总额的 2.6%，次于欧盟、美国、中国、印度、日本、阿拉伯联合酋长国和新加坡。而旅游服务贸易额，出口和进口分别占全球 1.3% 和 2.0%，位于 15 名和 11 名，其他商业服务贸易额在总的服务贸易额也占据较大比重。出口方面，建筑服务、金融服务、版税和授权费服务、个人文化娱乐服务和影视服务的出口贸易额占全球份额都在前 10 名；而进口方面通讯服务、建筑服务、版税和授权费服务、其他企业服务、个人文化和娱乐服务以及影视服务的进口贸易额占全球的份额也位居前十名（见表 2-14）。[12]

表 2-14　2002—2012 年韩国服务贸易进出口情况（单位：百万美元，%）

年份	出口额	占比	进口额	占比
2002	29 514	1.85%	36 545	2.34%
2003	33 771	1.83%	40 314	2.25%
2004	43 163	1.92%	49 944	2.33%
2005	48 327	1.92%	58 964	2.47%
2006	55 333	1.95%	69 346	2.61%
2007	71 375	2.09%	83 954	2.65%
2008	89 428	2.32%	95 433	2.63%
2009	72 466	2.08%	79 525	2.42%
2010	86 266	2.26%	94 956	2.63%
2011	94 063	2.21%	99 970	2.47%
2012	109 619	2.52%	107 057	2.58%

表 2-15　韩国 2012 年商业服务贸易项目占比（单位：十亿美元）

	出口额	占总额比重	进口	占总额比重
交通运输	40.7	37.20%	30.1	28.13%
旅游	14.2	12.98%	20.1	18.79%
其他	54.5	49.82%	56.8	53.08%

（三）韩国投资现状

韩国的出口导向型的战略还体现在韩国企业的直接对外投资上，在政府的大力支持下，一大批企业迅速崛起，并且加强了与国际市场的联系，加快了对海外的直接投资。从表 2-16 中可以看出，从 2006 年开始韩国企业开始迅速扩张对外投资，到 2007 年企业对外直接投资同比增加了 88.9%。由于 1997 年金融危机后韩国政府希望通过鼓励企业对外投资，拉动低迷的经济。在政府的支持下，韩国对外投资进入 21 世纪后就突飞猛进，虽然在表中可以看到，在 2009 年全球金融危机之后有少许下降，但是在 2010 年很快恢复。

从投资区域和国家来看，韩国直接对外投资主要集中在亚洲，其次是北美、欧洲。对亚洲海外投资份额最高，较大的原因取决于地缘政治经济和历史文化因素，韩国位处于亚洲，无论东南亚、中国、日本都与韩国地理位置十分接近，这有助于运输成本的降低。此外选择有着高度文化认同的东道国，较为容易了解当地的消费习惯、生产方式，有助于企业的融入。2013 年，韩国企业对中国的直接对外投资达 504.6 亿，占对外投资总份额的 21%，其次是美国，占 14.2%。韩国一直以来也把美国作为重点投资对象，主要因为战后两国的盟国关系，在一定程度上得到美国人的认同。总的来说，中国已经占据韩国企业对外投资最大的份额，并逐渐成为韩国最大的投资市场，目前韩国的商品，无论是食品、日用品、化妆品等低附加产品，还是电子产品、家用电器、汽车等高附加产品，都获得了广大中国消费者的青睐。

从投资的产业来看（见图 2-13），制造业、采矿业和零售业分别占韩国对外投资行业中的前 3 名，在 2013 年，分别占了 38.01%、18.3% 和 11.65%。从产业结构来看，2013 年对外投资中，第一产业占 0.56%，第二产业占 60.10%，第三产业占 39.33%。韩国在进入 21 世纪时，其企业已经在逐渐调整对外投资的产业结构，增加了服务、咨询、管理等第三产业的比重，可以看到第三产业（39.33%）的比重已经超过了制造业（38.01%）的比重。

表 2-16　韩国企业对外直接投资（单位：百万美元）[13]

	总共	亚洲	中东	北美	南美与中美	欧洲	非洲	大洋洲
2001	5 344.2	1 452.1	27.0	1 573.3	122.0	2 131.4	17.8	20.8
2002	4 011.6	1 887.9	48.6	621.1	297.7	1 055.7	22.1	78.4
2003	4 753.9	1 887.9	26.7	1 097.1	613.6	258.9	29.2	91.9
2004	6 521.2	3 588.9	37.1	1 426.0	614.1	731.1	47.8	76.2
2005	7 239.1	4 308.8	132.2	1 296.5	560.2	657.2	129.8	154.3

续表 2-16

	总共	亚洲	中东	北美	南美与中美	欧洲	非洲	大洋洲
2006	11 813.2	6 403.0	397.7	2 274.8	1 090.8	1 232.3	206.8	207.7
2007	22 315.8	11 671.6	368.6	3 753.9	1 287.3	4 451.9	238.9	543.5
2008	23 929.0	11 801.6	264.1	5 265.1	2 101.9	3 399.5	320.2	776.5
2009	20 419.7	6 794.5	321.6	6 005.0	1 038.6	5 337.8	373.6	548.6
2010	24 468.0	10 139.1	348.7	4 629.6	2 138.4	6 142.7	290.9	778.5
2011	27 591.0	11 217.9	419.1	7 299.5	2 385.5	4 355.4	371.6	1 541.9
2012	25 118.9	10 877.4	369.6	5 050.5	2 702.6	3 405.0	365.3	2 348.4
2013	24 053.6	108 454.3	4 013.9	54 348.8	20 244.2	41 425.7	3 296.6	10 654.3

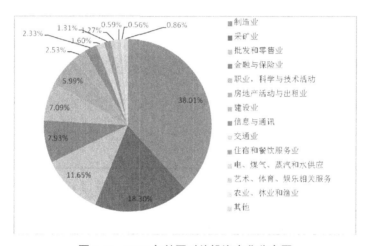

图 2-13　2013 年韩国对外投资产业分布图

由于韩国这种长期以来以贸易和投资为主导的出口导向战略，导致了韩国对于国际市场的过度依赖。根据韩国央行发布的数据显示，韩国经济在对外贸易依存度（贸易额 /GDP）的比例连续 3 年超过 100%，高企的对外贸易依存度使得韩国更加重视以及积极推进 FTA 战略，希望通过 FTA 谈判，为自己赢得更多的利益。

三、韩国 FTA 具体内容以及实施成效

（一）韩国对 FTA 签订方的贸易现状

目前韩国签订的 FTA 中，对欧盟的总贸易额最大，其次是美国。从出口情况来看，韩国对东盟的出口额最大，超过了美国和欧盟，东盟已经逐渐成为韩国第 2 大出口市场（仅次于中国），这主要因为韩国企业对东盟投资的增加。仅从单个国家层面看，

美国仍然是韩国出口第 2 大对象国，新加坡位居第 4，印度位居第 9。从进口情况看，欧盟超过美国成为韩国的主要进口来源之一（次于中国和日本），仅从单个国家来看，美国排在第 3 位（次于中国和日本），澳大利亚居第 6 位。考虑到澳大利亚、加拿大和哥伦比亚签订的协议还未生效，暂未纳入研究范围。

表 2-17　2013 年韩国对 FTA 签订国的贸易额（单位：百万美元）[14]

国家	出口总额	进口总额	总贸易额
欧盟	48 857	56 230	105 087
美国	62 052	41 512	103 564
东盟	81 997	16 789	98 786
新加坡	22 289	10 369	32 658
澳大利亚	9 563	20 785	30 348
印度	11 376	6 180	17 556
加拿大	5 203	4 717	9 920
智利	2 458	4 658	7 116
土耳其	5 658	692	6 350
欧洲自由贸易联盟	2 441	3 100	5 541
秘鲁	1 440	1 983	3 423
哥伦比亚	1 342	207	1 549

货物贸易中，根据 SITC 分类，从几个签订方中的进口来看，食物及活体动物的进口主要来自美国（占该类总进口的 21.6%），其次是东盟（占该类总进口的 12.43%，次于中国）；饮料及烟草大多数进口来自欧盟（占该类总进口的 42.7%，按国家排名，前三为英国、美国、法国）；非食用天然材料的进口主要来自于澳大利亚，这跟澳大利亚盛产羊及皮毛制品有关；而矿物燃料、润滑油及相关材料，动物和植物油、脂肪和蜡的进口在签订 FTA 中来自于东盟最多，分别占各自分类的 11.06% 和 40.27%，矿物燃料、润滑油等更多来自矿物原料资源丰富的阿拉伯国家，如沙特阿拉伯、卡塔尔和科威特；化学及相关产品、轻纺、橡胶、矿业产品和制成品、机械及运输产品以及杂项产品有相当大部分来自欧盟，其次则基本来自美国或东盟（从单个国家来看，中国和日本是韩国对于这四类产品最大的两个进口来源国）。可以看到韩国大多数的产品类别进口，都集中于美国，欧盟和东盟，韩国对澳大利亚的矿物燃料、润滑油及相关材料以及其他未分类产品的进口也占有了相当的份额，而其他几个国家份额相对较少。从出口来看，在几个签订国家或组织中，对于东盟的出口，除了机械和运输设备以及杂制品这两类的份额分别占各自分类总额的比重排

在第 2 位以外，其他几类产品都占最大的比重，其次也分别集中在欧盟和美国，矿物燃料、润滑油及相关材料，动物和植物油、脂肪和蜡这两类对新加坡出口也占较大的份额，这两类产品本身出口较少，进口较多，存在较大贸易逆差。此外，就单个国家来看，所有类别中，韩国对中国的出口份额都占据前 3 位；对日本，除了机械与运输设备（日本国内自身有较好的造船和汽车的产业），其他类别对日本的出口份额也占据了前 3 位。非食用天然材料、矿物燃料、润滑油及相关材料，动物和植物油、脂肪和蜡的出口对象更多的是中国、日本和东盟国家，而美国份额相对较少，其他类别对美国的出口也占据相当大的份额，特别是机械和运输产品，由于韩国轿车便宜实用，也受到很多美国消费者的接受与认可。相较而言，其他国家也同样在韩国的出口份额中占据较小的比例，无论从进口还是出口来看，在签订 FTA 的几个国家或组织中，美国、东盟和欧盟与韩国有着比较紧密的贸易联系。

表 2-18　2013 年韩国对 FTA 签订国根据 SITC 分类进口情况（单位：%）[15]

	美国	东盟	欧盟	EFTA	智利	新加坡	印度	秘鲁	土耳其	澳大利亚	加拿大
食物以及活的动物	21.06	12.43	8.67	0.84	2.14	0.40	3.75	0.56	0.26	9.14	1.69
饮料及烟草	10.59	8.91	42.71	0.30	3.62	0.68	3.44	0.00	1.33	1.45	0.15
非食用材料（除燃料外）	11.04	10.04	3.63	0.07	6.93	0.36	0.82	3.28	0.14	24.24	3.09
矿物燃料、润滑油及相关材料	0.96	11.06	3.25	0.19	0.00	1.06	1.45	0.37	0.10	4.61	0.88
动物和植物油、脂肪和蜡	7.00	40.27	11.32	0.06	0.43	0.23	1.34	0.42	0.35	4.81	5.36
化学品及相关产品	14.68	7.57	17.88	1.34	0.23	3.20	1.40	0.00	0.24	0.87	0.98
轻纺、橡胶、矿业产品及其制成品	5.81	7.57	10.22	1.31	2.98	0.46	2.50	0.08	0.11	1.17	0.72
机械和运输设备	12.33	10.19	19.10	2.34	0.00	4.43	0.19	0.00	0.10	0.27	0.47
杂项制品	11.50	13.59	17.50	2.62		1.33	0.31	0.02	0.21	0.21	0.37
未分类其他产品	2.65	0.38	12.35	24.28	0.02	0.20	0.00	0.00	0.19	14.35	0.09

表 2-19   2013 年韩国对 FTA 签订国根据 SITC 分类出口情况（单位：%）

	美国	东盟	欧盟	EFTA	智利	新加坡	印度	秘鲁	土耳其	澳大利亚	加拿大
食物以及活的动物	10.19	15.13	3.55	0.12	00.8	1.24	0.08	0.01	0.05	1.65	1.24
饮料及烟草	9.48	12.97	2.00	0.02	0.07	2.42	0.03	0.02	0.30	1.41	0.44
非食用材料（除燃料外）	6.54	22.96	9.45	0.04	0.35	0.53	7.01	0.12	1.89	0.91	0.98
矿物燃料、润滑油及相关材料	6.51	31.69	6.18	0.00	0.37	16.19	1.25	0.01	0.02	6.73	0.03
动物和植物油、脂肪和蜡	2.82	40.70	2.69	3.26	0.28	21.53	0.00	NA	0.11	3.32	0.54
化学品及相关产品	4.30	11.64	6.09	0.08	0.38	0.89	3.98	0.45	1.96	0.69	0.27
轻纺、橡胶、矿业产品及其制成品	11.59	21.19	8.03	0.08	0.37	1.09	3.57	0.26	1.49	2.16	1.04
机械和运输设备	14.06	11.58	9.76	0.73	0.55	3.81	1.52	0.30	0.83	1.18	1.30
杂项制品	6.81	7.48	10.57	0.17	0.08	0.64	0.75	0.06	1.27	0.33	0.34
未分类其他产品	2.52	37.40	0.43	0.44	0.01	3.66	1.70	0.00	0.03	0.17	0.21

　　服务贸易的情况，2011 的数据显示，交通运输服务对于美国和欧盟的出口都分别占大约 12.4%，次于中国和日本，其次是如新加坡、越南、印度尼西亚、泰国等东盟国家均排名前 15 以内，对澳大利亚的出口也排名第 15，占总份额的 1.23%；而交通运输服务的进口同样更多地来自欧盟和美国，分别占 22.7% 和 19.9%，排在日本和中国之前，之后也包括来自包括新加坡、印度尼西亚、菲律宾和越南等东盟国家的交通运输服务进口，澳大利亚排在第 7 位。旅游服务贸易中，菲律宾和美国是韩国主要的出口对象（分别占总额 11.8% 和 7.9%），次于中国和日本，随后是加拿大、欧盟同泰国、印度尼西亚、新加坡、马来西亚和越南等东盟国家也包括在前 15 名中；旅游服务贸易进口前 15 位中，也主要包括美国（第一，27.3%）、中国、日本、欧盟、东盟国家、澳大利亚、加拿大等国家。其他的商业服务贸易的进出口排名在前 5 名的，主要包括了美国、欧盟、中国大陆、日本和中国香港，而东盟国家、澳大利亚、印度和加拿大则多包含在前 15 位。因此，可以看出韩国的服务贸易在签订的 FTA 中

也主要集中在美国、欧盟和东盟，且东盟主要集中在老牌的五个国家中，而已经签订 FTA 还未实施的澳大利亚和加拿大也占了相对较大的比例。[16]

（二）韩国对 FTA 签订方的目前的 FDI 状况

前文已经提到，韩国的主要直接对外投资集中于美国、中国、东盟以及日本，可以看出这五个国家和地区已经占了韩国对外投资一半以上的份额。如图 2-14 所示，韩国在危机前两年（2007—2008 年）对美国、中国、东盟的投资迅速增加，在 2008 年危机中对美国的投资达到高峰，份额超过了中国，危机后的 2009 年均有所下降，但是到了 2010 年很快恢复，到 2011 年达到 597.9 亿美元，占其当年对外投资总额的 21.67%。从表 2-20 以及图 2-14 可以看到，韩国近两年对美国和东盟的投资也逐渐放缓，对中国的直接投资于 2013 年出现大幅度上升的趋势，同比上涨了 40%。此外，韩国对澳大利亚的投资从危机年后也出现了上涨的趋势。

表 2-20　韩国对主要 FTA 签订方及中国、日本的 FDI 占总额的比例（单位：%）[17]

	中国	美国	日本	东盟五国	新加坡	加拿大	澳大利亚	秘鲁	印度
2001	12.24	28.41	1.70	15.64	0.78	1.03	0.20	0.31	0.57
2002	27.26	15.34	1.96	8.96	0.71	0.14	1.56	2.17	1.14
2003	38.25	22.72	1.09	7.35	5.04	0.36	1.05	2.39	0.36
2004	37.02	21.58	4.51	5.65	2.59	0.29	0.83	1.18	0.63
2005	39.22	17.42	2.15	7.96	1.74	0.49	1.46	0.46	1.26
2006	29.52	15.95	2.07	7.99	2.57	3.31	1.25	0.52	0.85
2007	23.92	16.17	2.34	8.82	2.31	0.65	0.64	0.42	1.33
2008	16.00	21.31	1.79	10.52	2.43	0.69	2.42	0.34	0.79
2009	10.78	17.49	1.85	6.26	1.34	11.92	1.30	0.20	1.18
2010	14.96	13.88	1.31	14.98	1.64	5.04	2.30	0.20	0.81
2011	13.36	21.67	0.91	12.11	3.78	4.79	5.01	0.19	1.64
2012	14.37	17.55	2.57	14.55	1.27	2.56	8.89	0.22	1.24
2013	20.98	14.21	2.87	10.98	2.20	1.86	8.32	1.10	2.25

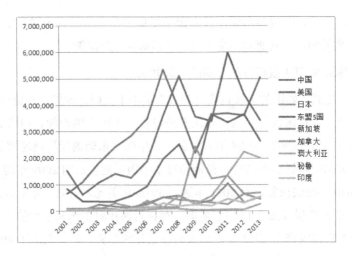

图 2-14　韩国对主要 FTA 签订方及中国、日本的 FDI（单位 1000USD）

注意：东盟 5 国包括泰国、菲律宾、马来西亚、印度尼西亚和越南。

无论是货物贸易、服务贸易还是直接对外投资，可以看到韩国与美国、欧盟和东盟有着比较紧密的关系，下面就主要分析韩—美 FTA、韩—欧盟 FTA 和韩—东盟 FTA 这三个协议的主要内容、实施效果以及产生的影响。

（三）主要 FTA 的内容

第一，关税减免。相对于中国、日本而言，韩国与东盟的 FTA 起步较晚，到 2005 年 12 月签订了《全面经济合作框架协议》及《争端解决机制协议》，于 2007 年 6 月 1 日生效，然后在 2006 年和 2007 年分别签订《货物贸易协议》和《服务贸易协议》，但由于泰国并未签字，直到 2009 年 6 月韩国与东盟才完成了与东盟 FTA 的协议签署，并在 2010 年 1 月 1 日正式生效。而欧盟在 2007—2009 年期间共进行了 8 轮谈判，在 2010 年 10 月正式签订 FTA 协议，并于 2011 年 7 月 1 日正式生效。美国则是经过 10 个月，8 次谈判和附加高级会议后，在 2007 年 6 月 30 日签订 FTA 协议，但是由于国会的反对，一直到 2012 年 3 月 15 日才正式生效。

签订 FTA 的一个重要目的就是降低或免除关税，消除贸易壁垒以获得两国之间市场的自由准入。关于关税的减免，韩美双方协议在 3 年内免税占进口额的 94%，这比韩—欧盟 FTA 中 3 年后免税占进口额的 85.1% 具有更高的水平，并且在协议签署 10 年后，韩美关税近 100% 废除（除了大米），而韩国对欧盟 10 年后免税比例占进口额的 99.5%，协议到期最后一年免税比例也仍然还有 57 项应税产品（见表 2-21、表 2-22）。

表 2-21　韩国—欧盟关税减让结果（单位：百万欧元）[18]

	韩国				欧盟			
	产品数	占比	进口额	占比	产品数	占比	进口额	占比
最惠国免税	1 960	16.5%	6955	26.4%	2316	24.9%	26 102 617	53.8%
生效立即（2011 年）	9 648	81.2%	17055	64.7%	8715	93.8%	42 488 343	87.6%
3 年后	10 321	86.8%	22435	85.1%	8996	96.8%	46 981 766	96.9%
5 年后	11 104	93.4%	25716	97.5%	9240	99.4%	48 517 266	99.9%
10 年后	11 661	98.0%	26242	99.5%	9245	99.4%	48 517 266	99.9%
最后一年（2031 年）	11 843	99.5%	26381	99.99%	9251	99.5%	48 517 273	99.9%

注意：表格中数据为累进值。

表 2-22　韩国—美国关税减让结果（单位：亿美元）[19]

	韩国				欧盟			
	产品数	占比	进口额	占比	产品数	占比	进口额	占比
生效立即（2012 年）	7 218	85.6%	200.0	80.6%	6 176	87.0%	331.0	87.2%
3 年后	7 937	94.1%	233.2	94.0%	6 536	92.1%	359.2	96.4%
5 年后	8 105	96.1%	237.0	95.5%	6 732	94.9%	367.9	96.9%
10 年后	8 406	99.7%	247.7	99.8%	7 065	99.4%	379.4	99.9%
总和	8 434	100.0%	248.4	100.0%	7 094	100.0%	379.6	100.0%

注意：表格中数据为累进值。

　　而在韩国—东盟的 FTA 协议中，将产品分为正常产品和敏感产品，老牌的东盟国与韩国正常产品从 2006 年开始降税，至 2010 年关税降至零，除了泰国单独提出 128 种昂贵正常商品是从 2008 年开始降税，到 2017 年降至零。而东盟新成员，越南正常产品的关税到 2015 年，以及柬埔寨、老挝和缅甸将在 2018 年降为零，一般敏感产品的关税将最终降为 0%—5%。

　　第二，货物、服务贸易及投资。货物贸易上由于取消了关税，消除贸易壁垒，又通过简化了程序，提供了贸易便利。例如汽车出口上，美国同意在一定程度上减免关税，韩国也承诺改变针对美国大型车的税制，并且双方引入"迅速解决纠纷程序"。欧盟的汽车制造商同样享受从韩国的关税减免和非关税贸易壁垒中获得的双重收益，韩国并且认可了欧盟进行的标准测试，简化了程序，这也有利于电子产品向韩国的出口。

　　服务贸易方面，韩美双方决定对教育、医疗、公共服务以及通讯企业的股份以及电影保持限制。韩国对东盟则承诺开放 10 个部门，涉及 85 个分部门，东盟各国也做出积极的回应，双方承诺基本上都超出 WTO 的规定。在韩—欧服务贸易总协定中，欧盟开放了其 155 个服务部门中的 115 个，韩国开放了其 155 个部门中的 98 个，对于与医疗、邮政和社会服务以及教育服务、健康相关的社会服务娱乐、文化、体育等特定专业服务以及交通运输服务未做出承诺。

投资方面，韩方接受美国主张的投资者与东道国的争端解决机制（ISD），并且对双方之间的投资保障国民待遇、最惠国待遇。与东盟的《投资协议》中双方也做出了此承诺，并规定任何一方不得对另一缔约方投资者实施征税等措施。再加上监管和仲裁透明化，以保障投资，这也是许多欧洲公司在韩国做生意所关心的问题，在与欧盟的 FTA 中也同样包含了这些规定。

（四）FTA 的实施效果及影响

第一，双边贸易依赖关系变化。从前文分析中已经得知韩—欧的贸易主要集中在 SITC-5 化学及有关产品，SITC-7 机械及运输设备以及杂制产品。韩国对欧盟机械运输设备的进口与出口都占了相当大的份额，基本上与欧盟保持顺差。但是，在 2011 年 7 月生效之后到 2013 年，韩国与欧盟总体的贸易由顺差变为逆差（见表 2-22），主要是受到欧洲财政危机的影响，加上全球经济不景气，欧盟进口需求减少，韩国出口比重较大的船舶价格和出口双双下跌，就连受到 FTA 减免关税优惠的品目的出口额也下降了 1.5%，而非受惠品目的出口下降了 12.2%。进口方面，由于伊朗被制裁，而进口关税率降低使得原油进口激增，STIC-3 矿物燃料、润滑油以及相关材料在 2012 年增加了 313%，创了新高，其中原油、汽车等 FTA 受惠品目引领进口的增势。这是否说明 FTA 已经充分发挥了作用呢？显然，FTA 并没有充分发挥作用。那么这能说明韩—欧 FTA 更有利于欧盟吗？显然，目前还未能充分证实，韩国的逆差趋势更多是由经济大环境造成的，而不是 FTA 发挥的作用。那么 FTA 是否能够加强两国之间的贸易联系呢？

这里引入一个"贸易贡献度"的概念来分析两国贸易关系的相互依赖性，它就是指相应年度一国的总进 / 出口增长率（与前一年对比）中某个国家做出贡献的程度，分为出口贡献率和进口贡献率。[20] 具体计算公式：

b 国对 a 国的贸易共享度 =Xa*Xab

Xa：a 国总进口（出口）增长率（与前一年对比）

Xab：a 国对 b 国进口（出口）占 a 国总进口（出口）比重（贡献率）。

从表 2-23 和表 2-24 来看，2000—2013 年欧盟对韩国的出口贡献度在 2005 年之后超过了美国，在 2005—2009 年保持在相对平稳，在 2% 左右（负数说明本国出口负增长，所以贡献度计算出现了负值，并不是产生了负面影响），这几年，欧盟对韩国的出口拉动作用保持平稳，在 2010 年达到最高（为 3.25%），这年美国和东盟对韩国的出口贡献度分别为 3.02% 和 3.23%，出现最高值也反应了 2010 年韩国出口出现高增长。反观韩国对欧盟的出口贡献率和贡献度相对较低，欧盟本身贸易总额就占了世界的 35%—40% 的份额，韩国是欧盟第 8 大贸易伙伴国家，而欧盟是韩国第 2 大贸易伙伴国。可以看到，无论从进口还是出口来看，韩国与欧盟的相互依赖度并未在 2011 年后明显增加，反而出现下滑趋势，但是很难说 FTA 是否能加强国家之间贸易联系，因为毕竟生效仅仅两年。再看美国的数据，韩国对美国的出口贡献率基本上小于美国对韩国的出口贡献度，韩国的出口较大程度地依赖于美国，而韩国对美国的进口贡献度在 2008—2012 年基本大于美国对韩国的进口贡献率，说明美国进口较大地依赖于韩国。从表 2-24 中可以看出，2013 年 FTA 协议生效时，美国对韩国的出口贡献率有少许增加，而韩国对美国的进口和出口贡献度均呈现下降趋势。也有分析说韩国和美国签订的是一个不平等条约，甚至有人认为美国想利用 FTA 扭转一直存在的贸易逆差。虽然也从协议中发现并且列举了一些不平等的规定，2013 年的贸易贡献度数据也呈现出这一趋势，但是毕竟 FTA 仅生效一年左右，与欧盟的协议一样还未满三年，很多关税还未免除，并且韩美两个国家本身关税水平已经比较低（除了如纺织品、钢铁等原本关税比较高的产品），即使取消关税也变化不大。但 FTA 显然未完全发挥作用，也很难对此做出结论。

考察一下 FTA 已经生效多年的东盟的情况，可以看到东盟对于韩国的进出口贡献率从 2000 年开始不断下降，到 2004 年到达低谷，然后从 2007 年签订协议之后的 2008 年开始，进出口贡献率开始回升，并且东盟对于韩国的进出口贡献度在 2008—2011 年也不断上升，同样韩国对于东盟的进出口贡献度也在这几年呈现上升趋势。可以看出，对于韩国与东盟的 FTA 发挥了实际有效的作用，双方贸易进出口占总进出口的比例在逐年上升中，特别是在 2009 年，韩国与泰国也达成协议，并于 2010 年正式生效后，韩国对东盟的出口出现了显著的增加。

根据三个已经签订并生效的 FTA 来看，东盟与韩国的货物贸易相互依赖关系增强，FTA 协议起到加强贸易联系作用。但是对于欧盟来说，在 FTA 生效的两年时间内并没有明显地加强贸易之间联系，同样对于 FTA 刚刚生效的美国也是如此，贸易创造和转移的效应并没有在短时间显现出来。可见，并不是每一个 FTA 的签订一定会实质有效地实现签订双方的共赢，这也是在双方协商过程之中博弈的结果。当然，毕竟韩国—欧盟、韩国—美国之间的 FTA 都生效未久，以后是否会如理论预测一样应该拭目以待。

表 2-23　韩国与欧盟货物贸易之间相互依存关系

	欧盟对韩国				韩国对欧盟			
	出口		进口		出口		进口	
	贡献率	贡献度	贡献率	贡献度	贡献率	贡献度	贡献率	贡献度
2000	13.60%	2.71%	9.84%	3.35%	0.64%	0.02%	0.93%	0.06%
2001	13.05%	− 1.66%	10.58%	− 1.28%	0.60%	0.01%	0.79%	− 0.01%
2002	13.35%	1.07%	11.25%	0.88%	0.65%	0.04%	0.84%	0.04%
2003	12.84%	2.48%	10.84%	1.91%	0.62%	0.12%	0.80%	0.16%
2004	14.90%	4.62%	10.78%	2.75%	0.64%	0.12%	1.01%	0.20%
2005	15.35%	1.84%	10.45%	1.71%	0.67%	0.05%	1.01%	0.11%
2006	14.89%	2.14%	9.72%	1.79%	0.65%	0.08%	1.02%	0.15%
2007	15.07%	2.12%	10.32%	1.58%	0.69%	0.11%	1.01%	0.17%
2008	13.83%	1.88%	9.19%	2.02%	0.68%	0.07%	0.94%	0.11%
2009	12.82%	− 1.78%	9.98%	− 2.57%	0.70%	− 0.16%	0.99%	− 0.24%
2010	11.47%	3.25%	9.11%	2.88%	0.75%	0.09%	1.01%	0.13%
2011	10.04%	1.91%	9.04%	2.11%	0.78%	0.14%	0.90%	0.15%
2012	9.01%	− 0.12%	9.70%	− 0.09%	0.87%	− 0.04%	0.84%	− 0.05%
2013	8.73%	0.18%	10.91%	− 0.09%	0.93%	0.04%	0.83%	0.00%

表 2-24　韩国与美国货物贸易之间相互依存关系

	美国对韩国				韩国对美国			
	出口		进口		出口		进口	
	贡献率	贡献度	贡献率	贡献度	贡献率	贡献度	贡献率	贡献度
2000	21.83%	4.34%	18.22%	6.19%	3.74%	0.46%	2.99%	0.56%
2001	20.75%	− 2.64%	15.86%	− 1.92%	3.07%	− 0.21%	2.65%	− 0.17%
2002	20.18%	1.61%	15.12%	1.18%	3.32%	− 0.16%	2.73%	0.05%
2003	17.66%	3.41%	13.88%	2.44%	3.42%	0.16%	2.63%	0.23%
2004	16.88%	5.23%	12.82%	3.27%	3.53%	0.44%	2.81%	0.48%
2005	14.54%	1.74%	11.71%	1.92%	3.39%	0.36%	2.39%	0.32%
2006	13.27%	1.91%	10.88%	2.00%	3.28%	0.45%	2.25%	0.24%
2007	12.32%	1.74%	10.43%	1.60%	3.24%	0.39%	2.27%	0.12%
2008	10.99%	1.49%	8.81%	1.94%	2.98%	0.36%	2.14%	0.16%
2009	10.36%	− 1.44%	8.99%	− 2.32%	2.75%	− 0.49%	2.35%	− 0.61%

	美国对韩国				韩国对美国			
2010	10.68%	3.02%	9.50%	3.00%	3.16%	0.67%	2.53%	0.57%
2011	10.12%	1.92%	8.50%	1.98%	3.01%	0.48%	2.48%	0.37%
2012	10.68%	−0.14%	8.34%	−0.08%	2.80%	0.12%	2.51%	0.08%
2013	11.09%	0.23%	8.05%	−0.06%	2.63%	0.06%	2.66%	000%

表 2-25　韩国与东盟货物贸易之间相互依存关系 [21]

	东盟对韩国				韩国对东盟			
	出口		进口		出口		进口	
	贡献率	贡献度	贡献率	贡献度	贡献率	贡献度	贡献率	贡献度
2000	11.69%	2.33%	11.32%	3.85%	4.22%	0.79%	5.29%	1.20%
2001	10.94%	−1.39%	11.28%	−1.36%	4.11%	−0.41%	4.74%	−0.42%
2002	11.33%	0.91%	11.01%	0.86%	4.11%	0.22%	5.02%	0.28%
2003	10.45%	2.02%	10.32%	1.82%	3.89%	0.64%	4.92%	0.60%
2004	9.46%	2.93%	9.97%	2.54%	3.93%	0.78%	4.68%	1.16%
2005	9.64%	1.16%	9.98%	1.64%	3.97%	0.61%	4.55%	0.79%
2006	9.85%	1.42%	9.61%	1.77%	3.86%	0.67%	4.66%	0.66%
2007	10.43%	1.47%	9.28%	1.42%	3.83%	0.47%	5.00%	0.63%
2008	11.68%	1.59%	9.40%	2.07%	4.13%	0.60%	5.25%	1.11%
2009	11.27%	−1.57%	10.54%	−2.72%	4.18%	−0.74%	5.64%	−1.27%
2010	11.41%	3.23%	10.37%	3.28%	4.20%	1.22%	5.58%	1.74%
2011	12.93%	2.46%	10.13%	2.36%	4.30%	0.76%	6.23%	1.31%
2012	14.45%	−0.19%	10.00%	−0.09%	4.15%	0.05%	6.48%	0.39%
2013	14.65%	0.31%	10.35%	−0.08%	4.20%	0.06%	6.58%	0.13%

　　第二，双边投资变化。根据表 2-26 可知，韩国对美国的直接投资从 2011 年到 2013 年份额呈下降趋势，从 21.67% 下降到 14.21%，从美国接受的直接投资的份额也是从 2011 年的 36.4% 逐渐下降到 2013 年的 13.7%，而上文也提到与美国的 FTA 协议生效不久，从 2013 年的投资数据来看，并未立即发生效应。韩国从二战以后与美国的盟友关系一直把美国放在投资战略的重要位置上，可以看到在 2003 年前对美国的投资以及接受美国的投资一直占据较高的份额，在 2001 年和 2002 年也加大了与欧盟之间的 FDI，但是 2003 年后，更多的份额涌向了中国，中国在 2003—2007 年与韩国的双边投资占据了非常大的份额，这 5 年间韩国接受的中国外商投资平均占总额的 34.75%，向中国直接投资平均占 34.35%，可以推测这跟中国在 2003 年加入 WTO 有着密切的关系。

表 2-26 韩国与主要国家双边 FDI 情况（单位：%）[22]

	欧盟		东盟		美国		中国		日本	
	接受投资	向其投资	接受投资	向其投资	接受投资	向其投资	接受投资	向其投资	接受投资	向其投资
2000	4.62	4.93	11.77	9.75	22.25	27.35	16.74	14.97	2.42	1.94
2001	34.08	38.69	7.97	7.90	29.63	28.43	16.07	12.42	1.50	1.74
2002	18.68	25.15	11.43	10.61	22.12	15.40	32.49	28.11	1.39	1.96
2003	4.70	4.77	20.70	12.66	12.32	22.85	45.46	39.81	0.81	1.11
2004	14.06	10.72	8.43	8.58	16.48	21.64	41.88	37.57	6.08	7.88
2005	7.95	7.92	10.15	10.51	15.38	17.54	38.29	39.76	2.26	2.20
2006	14.33	9.28	18.62	11.71	11.37	16.16	23.72	29.63	1.51	2.10
2007	10.09	14.59	21.68	14.16	14.97	16.20	24.42	24.97	2.73	2.37
2008	8.39	10.19	28.50	15.59	17.03	21.35	13.44	16.28	1.83	1.87
2009	15.93	21.69	20.28	10.45	12.87	17.51	9.11	10.79	2.33	1.94
2010	21.79	23.39	20.83	18.11	15.01	13.91	12.92	14.96	1.21	1.39
2011	8.35	13.42	13.88	17.90	36.44	21.68	10.47	13.37	0.92	1.04
2012	13.44	11.93	11.66	17.68	17.66	17.62	17.47	14.38	1.86	2.69
2013	10.65	11.27	12.86	15.82	15.43	14.25	13.77	20.99	2.60	2.95

注意：接受投资：他国向韩国直接投资额占韩国总外商接受投资额比例。向其投资：韩国向他国直接投资额占韩国总对外直接投资额比例。

从表 2-26 中还可以看到，在 2007 年与中国的双边投资份额有所下降的同时，韩国与东盟的双边投资的份额有所提升，下面具体考察 2007 年之后，与东盟的 FTA 协议生效之后韩国与东盟投资关系的前后变化。首先，从 2013 年的数据来看，韩国向东盟的直接投资有 50% 左右集中于制造业，其次是采矿业，占 24%，金融与保险业占 6%，建造业和批发零售业各占 4%。对东盟的投资主要集中在第二产业，占据 3/4 左右。从接受东盟的投资来看，有 56% 是制造业，其次是金融与保险业（11%），相比韩国对欧盟投资的比重，第二产业占的比重较小。[23]

从图 2-15、图 2-16、图 2-17、图 2-18、图 2-19 和图 2-20 中可以看出，[24] 从 2007 年开始，无论是接受东盟的直接投资还是对东盟直接投资，都出现了大幅度的增加，特别是服务业，如金融保险业、批发零售业、房地产租赁业和专业、科学技术活动等都迅速增加，但如教育、医疗、公共社会服务等在协议中仍然保留限制，此类投资并没大幅度增加。但在 2008—2009 年，因为全球经济危机，经济不景气，韩国对东盟的 FDI 在 2007 年大幅度增加后，又相对放缓，加上泰国政局的不稳定也影响到韩国投资者的信心，但是很快在 2010 年又恢复，2010 年韩国与泰国达成一致后与东盟的 FTA 正式生效，并且投资协议正式签订于 2009 年，协议中双方进一步开放了服务业，可以看到交通运输服务、金融保险业，住宿与餐饮活动以及专业、科学技术活动都在 2010 年协议生效当年发生大幅度的增加。从单个国家来看，在东盟几个国家中，越南作为韩国仅次于美国和中国的投资第 3 大市场，从 2007 年开始双方 FDI 基本上一直呈现上升趋势，投资额比起 2006 年均增长了 4 倍左右。从产业分布来看，主要集中在制造业、矿业以及批发零售业，韩国与越南也正在积极推进对基础设施和旅游等领域投资的讨论。

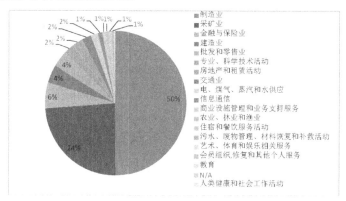

图 2-15　2013 年韩国向东盟直接投资的行业分布（单位：%）

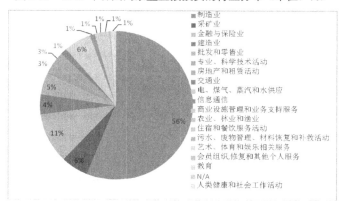

图 2-16　2013 年东盟向韩国直接投资的行业分布（单位：%）

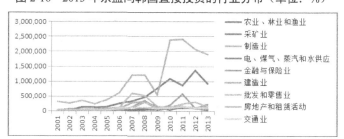

图 2-17　2001—2013 年韩国对东盟各行业直接投资变化情况（单位：1000USD）

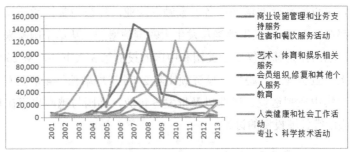

图 2-18　2001—2013 年韩国对东盟各行业直接投资变化情况（单位：1000USD）

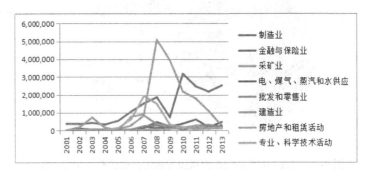

图 2-19　2001—2013 年韩国接受东盟各行业直接投资变化情况（单位：1000USD）

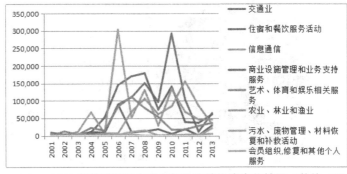

图 2-20　2001—2013 年韩国接受东盟各行业直接投资变化情况（单位：1000USD）

　　另外再看韩国—东盟产业结构的变化（见表 2-27），可以看到投资的产业中，第二产业占据几乎 3/4 的份额，第二产业只有在 2007 年与 2008 年相对较少，第三产业达到 40% 以上，但是之后第二产业又迅速增加，比 2007 年之前占的份额还要高。虽然在 2009 年达成的投资协议中扩大了服务行业的开放程度，但是目前并没有对韩国与东盟的投资产业结构产生较大的影响。韩国与东盟之间的 FDI 还是集中于第二产业。

表 2-27　韩国—东盟 FDI 产业结构变化[25]

	韩国队东盟投资			东盟对韩国投资		
	第一产业	第二产业	第三产业	第一产业	第二产业	第三产业
2001	0.18%	82.21%	17.61%	0.47%	82.54%	16.99%
2002	0.14%	67.52%	32.34%	0.06%	73.05%	26.89%
2003	0.34%	78.96%	20.70%	0.40%	87.50%	12.10%
2004	0.31%	62.97%	36.72%	0.30%	70.10%	29.60%
2005	0.31%	67.64%	32.05%	0.69%	66.37%	32.93%
2006	0.28%	66.19%	33.53%	0.21%	58.81%	40.98%
2007	0.91%	57.97%	41.13%	1.06%	54.00%	44.94%
2008	1.11%	54.98%	43.91%	1.01%	70.98%	28.00%
2009	1.42%	72.94%	25.63%	0.97%	82.35%	16.68%
2010	2.04%	80.52%	17.44%	1.17%	76.85%	21.98%
2011	1.90%	71.46%	26.63%	2.46%	74.43%	23.11%
2012	1.86%	81.67%	16.47%	1.88%	76.64%	21.48%
2013	0.69%	79.55%	19.76%	0.72%	72.20%	27.07%

在韩国—东盟 FTA 生效后对其双边贸易和投资产生了短期内的积极作用，但是长期来看受到外部经济与政治的影响，阻碍了 FTA 正常作用的发挥，而欧盟和美国由于生效时间尚短，FTA 还未完全发挥作用。

四、韩国与中日 FTA 的前景

（一）韩国与中日的经贸关系

前文已述中国和日本在韩国的贸易中占极其重要的位置，中国是韩国的第 1 大贸易伙伴，贸易总额超过欧盟和美国，紧随欧盟和美国之后的就是日本。可以从表 2-28 和表 2-29 中看到韩国对中国的出口额以及所占比例都在逐年增加，是韩国的第 1 大进口来源地和出口目的地；韩国对日本的出口额也逐年上升，所占比例虽然在 2006 年之后有所下降，但仍然保持在 6%—7%。从进口来看，日本所占份额与中国相差不大，日本是韩国第 2 大进口国。韩国也是日本的主要出口国，根据 2013 年 1—9 月的数据，日本对韩国出口额占日本出口总额的 8.1%，仅次于美国和中国，从韩国的进口占其进口额的 4.3%。同样韩国也是中国的第 3 大贸易伙伴，仅次于美国和日本。

从产品来看，根据 HSK 分类，机电产品、光学医疗设备和化工产品是韩国对中国出口的主要产品，2013 年出口额分别为 623.7 亿美元、217.9 亿美元和 185 亿美元，占韩国对中国出口总额的 70.4%，其中机电产品和化工产品增长 19.4% 和 11.3%，光学医疗设备下降 8.5%。2013 年韩国对中国出口的矿产品、纸张和贵金属及制品出口出现较大降幅。而对日本的出口也主要是电机产品、矿产品以及贱金属制品。分别为 93.6 亿美元、87.3 亿美元和 47.3 亿美元，占韩国对日本出口总额的 27%、25% 和 13.6%，共占据韩国对日本总额的 65.6%。

韩国自中国进口排名前 3 位的商品为机电产品、贱金属及制品和化工产品，进口额为 357.7 亿美元、124.8 亿美元和 63.7 亿美元，占韩国自中国进口总额的 43.1%、15.0% 和 7.7%，机电产品和化工产品增长 6.6% 和 3.7%，贱金属及制品下降 6.8%。2013 年韩国从中国进口的运输设备、光学、钟表出现较大幅增长。在纺织品及原料、家具玩具这类劳动密集型产品的进口市场上，中国继续保持优势，在这些产品上，中国的主要竞争对手是日本、美国、意大利和越南等国家。

表 2-28　2013 年韩国与中日进出口按 STIC 行业分布（单位：百万美元，%）

类别	出口				进口			
	日本		中国		日本		中国	
	金额	占比	金额	占比	金额	占比	金额	占比
食物以及活的动物	1 481.15	4.27%	912.63	0.63%	238.20	0.38%	3 196.03	3.82%
饮料及烟草	332.65	0.96%	95.88	0.07%	46.59	0.07%	40.18	0.05%
非食用材料	742.35	2.14%	1 517.82	1.04%	2 693.88	4.25%	1 437.19	1.73%
矿物燃料、润滑油及相关材料	8 604.50	24.82%	8 911.99	6.11%	3 395.02	5.36%	1 343.57	1.62%
动物和植物油、脂肪和蜡	6.96	0.02%	12.67	0.01%	3 395.02	5.36%	12.83	0.02%
化学品及相关产品	4 000.74	11.54%	28 334.22	19.42%	14 015.74	22.11%	7 389.13	8.90%
轻纺、橡胶、矿业产品及其制成品	6746.60	19.46%	11393.79	7.81%	11547.85	18.22%	19012.63	22.89%
机械和运输设备	10339.39	29.83%	70492.58	48.33%	219181.41	34.58%	37794.67	45.51%
杂项制品	2280.09	6.58%	24119.07	16.53%	5887.16	9.29%	12812.29	15.43%
未分类其他产品	127.86	0.37%	78.84	0.05%	248.15	0.39%	41.35	0.05%

根据 STIC 标准，韩国向日本和中国出口和进口最多的都是机械与运输设备，其

次自日本进口更多的是化学品和相关产品，自中国进口较多的是轻纺、橡胶类制品。

接下来通过对比韩日之间，韩中之间的贸易贡献度，来分析它们相互之间的依赖关系。从表 2-29 中可以看到，日本对韩国的出口贡献度与韩国对日本的出口贡献度大体上差距不大，数值都在 1%—2%，两者之间的出口依赖程度并不是特别明显。而从进口来看，日本对韩国的贡献度要大于韩国对日本的贡献度，可以看出韩国的进口较多地依赖日本。从表 2-30 可以看出，与中国对韩国的进口贡献度比较，韩国对中国的进口贡献度差距不大，韩国的进口对于中国也有较大的依赖。而中国对于韩国的出口贡献度远远大于韩国对于中国的出口贡献度，从 1992 年中韩建交以后，中国对韩国的出口贡献度就高速增长，在 1992 年大概达到了 0.4%，到 2000 年为 2.13%，到了 2010 年甚至达到了 7.09%，总的看来，韩国对于中国的出口市场的依赖明显高于中国对于韩国的依赖。相比下来，中国对韩国的进口贡献度要小于出口贡献度，虽然中国对韩国的进口贡献度也大于韩国对中国的进口贡献度，但是差距没有出口方面的数据明显。

表 2-29 韩国与日本货物贸易之间相互依存关系

	日本对韩国				韩国对日本			
	出口		进口		出口		进口	
	贡献率	贡献度	贡献率	贡献度	贡献率	贡献度	贡献率	贡献度
2000	11.88%	2.36%	19.83%	6.74%	6.64%	0.95%	5.39%	1.21%
2001	10.97%	−1.39%	18.88%	−2.28%	6.60%	−1.04%	4.73%	−0.38%
2002	9.32%	0.75%	19.63%	1.53%	7.16%	0.23%	4.49%	−0.15%
2003	8.91%	1.72%	20.31%	3.57%	7.70%	1.02%	4.51%	0.61%
2004	8.55%	2.65%	20.56%	5.24%	8.16%	1.62%	4.77%	0.89%
2005	8.45%	1.01%	18.53%	3.04%	8.14%	0.42%	4.66%	0.63%
2006	8.15%	1.17%	16.78%	3.09%	8.03%	0.70%	4.58%	0.56%
2007	7.10%	1.00%	15.76%	2.41%	7.87%	0.82%	4.24%	0.32%
2008	6.69%	0.91%	14.00%	3.08%	7.80%	0.73%	3.71%	0.84%
2009	5.99%	−0.83%	15.30%	−3.95%	8.51%	−2.19%	3.94%	−1.09%
2010	6.04%	1.71%	15.12%	4.76%	8.35%	2.72%	4.06%	1.04%
2011	7.15%	1.36%	13.03%	3.04%	8.30%	0.58%	4.64%	1.08%
2012	7.08%	−0.09%	12.39%	−0.11%	8.06%	−0.24%	4.38%	0.16%
2013	6.19%	0.13%	11.64%	−0.09%	8.39%	−0.88%	4.16%	−0.25%

表 2-30   韩国与中国货物贸易之间相互依存关系[26]

	中国对韩国				韩国对中国			
	出口		进口		出口		进口	
	贡献率	贡献度	贡献率	贡献度	贡献率	贡献度	贡献率	贡献度
2000	10.71%	2.13%	7.98%	2.71%	5.14%	1.43%	8.20%	2.93%
2001	12.09%	− 1.54%	9.43%	− 1.14%	5.00%	0.34%	7.47%	0.61%
2002	14.62%	1.17%	11.44%	0.89%	5.34%	1.19%	8.05%	1.71%
2003	18.11%	3.50%	12.25%	2.16%	5.00%	1.73%	8.51%	3.39%
2004	19.60%	6.08%	13.18%	3.36%	4.99%	1.76%	8.87%	3.19%
2005	21.77%	2.61%	14.79%	2.43%	5.07%	1.44%	9.38%	1.65%
2006	21.34%	3.07%	15.69%	2.89%	5.01%	1.36%	8.78%	1.75%
2007	22.07%	3.11%	17.66%	2.70%	5.16%	1.34%	8.57%	1.78%
2008	21.66%	2.95%	17.67%	3.89%	5.38%	0.93%	8.07%	1.49%
2009	23.85%	− 3.32%	16.79%	− 4.33%	4.51%	− 0.72%	8.62%	− 0.96%
2010	25.05%	7.09%	16.83%	5.32%	4.54%	1.42%	8.37%	3.25%
2011	24.17%	4.59%	16.48%	3.84%	4.55%	0.93%	7.70%	1.91%
2012	24.52%	− 0.32%	15.55%	− 0.14%	3.94%	0.31%	7.39%	0.32%
2013	26.07%	0.55%	16.11%	− 0.13%	3.76%	0.30%	7.48%	0.54%

（二）韩国与中日的投资关系

根据产业贸易行业数据看到，中国的优势产业主要是陶瓷、玻璃、家具等劳动型密集产业和资源型密集产业，并且中国优势产业占韩国的贸易额比重也不算高，而韩国的优势产业则是以技术密集型和资本密集型产业为主，但是在中国的贸易额中这些产品也占了大多数。中国正在实行产业转型，随着中国出口的初级产品比重下降，技术、密集型产品比重上升，中韩贸易竞争性会日益增强，但是目前情况来看，中韩之间仍然是以垂直互补关系为主，而韩日之间则在很多产业中都呈现出竞争关系。

表 2-26 已经显示了，韩国对中国的直接投资远远高于日本，中国是韩国投资的第 1 大市场。这种投资在很大程度上也促进了中韩经贸的垂直互补关系，韩国对中国的投资主要集中在制造业领域。可以看到，韩国与中国的相互合作和贸易往来的加强是随着中国加入 WTO 开始的。从表 2-26 还可以看出，在 2003 年之后，中韩的相互投资份额逐渐加强。韩国早期在中国的投资也主要集中在纺织、服装等劳动型密集产业，更多的投资动机是确保廉价劳动力，近年来则拓宽到电子零部件、电脑、通信设备、汽车等行业，韩国也渐渐把中国作为其开拓市场的最重要的战略目标。

（三）韩国与中日 FTA 的签订前景

就中日韩三个国家目前的 FTA 谈判情况来看，日—韩 FTA 已经被搁置，由于存在许多问题尚未解决，还未重新开启。而中日韩 FTA 谈判从磋商到正式谈判经历了10 年，这 10 年间无论中日，还是韩日的关系都出现了僵局，在已经经历的 4 轮正式谈判中，对于降税模式、服务贸易和投资的开放方式也一直未达成共识。与此同时，中韩的 FTA 也在积极推进中，中国同为日本和韩国的最大的贸易伙伴，中国是韩国的第 1 大出口目的地和进口来源地，是日本第 2 大出口目的地和第 1 大进口来源地。根据之前提到日韩的产业结构有相似之处，两者更多地处于一个竞争性的贸易关系，尤其在对中国出口方面有很强的替代性，韩国在 2013 年已经取代日本成为中国最大的进口来源地，而中国对于日韩都有着很强的互补性，韩国对于中国市场也存在较高的依赖，因此比起中日韩的 FTA，韩国似乎更加倾向于与中国先谈成 FTA，毕竟韩国的汽车、机电等一些优势产业与日本是形成竞争的，韩国显然不希望看到中日韩 FTA 先达成一致。并且此前中日就钓鱼岛的政治纷争也对中日韩的 FTA 形成了阻碍，中日韩的 FTA 的谈判已经渐渐被边缘化。当然，虽然两国之间贸易紧密，中—韩 FTA 也不能说是一蹴即成的，毕竟中韩都还有自己的顾虑。例如，从贸易来看，韩国对于其处于弱势的农产品的自由贸易十分敏感，还担心中国的相对价格低廉的工业产品会冲击韩国的中小企业，并且来自中国的进口增加会进一步加深对中国的贸易依赖而无法自拔；另外对于投资，担心过度开放会导致韩国的知识产权外泄，降低韩国的技术优势。而中国则更多地担心韩国大量的直接外商投资，特别是电子产业，会打击中国刚刚发展起来的本国公司。总之，无论是中日韩，还是中韩的谈判，现在也仍在进行中，但何时能谈出结果，尚难以预测，特别是中日韩三国之间的 FTA。

五、结　论

在各国推进 FTA 的同时，美国又开始主导 TPP（跨太平洋伙伴关系协议），这似乎比 FTA 更高水平的自由贸易区，也阻碍了中日韩 FTA 谈判的进程。虽然中国作为日本和韩国的最大的贸易伙伴，但是无论日本还是韩国从战后关系来看都是美国的同盟国。在日本加入 TPP 之后，本来表示不会加入的韩国也决定加入 TPP，在目前的 TPP 的 12 个成员国中，美国、澳大利亚、加拿大、秘鲁、智利、新加坡都与韩国有着自贸协定，而文莱、越南和马来西亚也是韩国与东盟 FTA 的成员。当然，韩国不会轻易因为加入 TPP 而放弃与中国这一最具潜力的市场之间的 FTA 谈判，但是中日韩 FTA 却可能受到相当大的冲击。当然，本节的分析中认为，FTA 也并不是加强贸易联系与相互合作的必然有效手段，在现实实践中难免有外部因素的影响或者如 TPP 这样一个更高级的工具所代替的情况。

注　释

1. 参见 http://zh.wikipedia.org/wiki/%E8%87%AA%E7%94%B1%E8%B2%BF%E6%98%93%E5%8D%94%E5%AE%9A。

2. 金鑫：《自由贸易协定中的保障措施探究》，中国政法大学 2012 年硕士学位论文。

3. 丘东晓：《自由贸易协定理论与实证研究综述》，载《经济研究》2011 年第 9 期，第 147—157 页。

4. 数据来源：世界贸易组织（WT0）网站，http://rtais.wto.org/UI/PublicAllRTAList.aspx。

5. 资料来源：韩国 FTA 官方网站，http://www.fta.go.kr/main/situation/fta/main/。

6. 朴昌根：《解读汉江奇迹》，上海：同济大学出版社 2012 年版，第 42—47 页。

7. 数据来源：韩国贸易协会网站，http://global.kita.net/。

8. 资料来源：国别数据网，http://countryreport.mofcom.gov.cn。

9. 数据来源：韩国贸易协会网站，http://global.kita.net/。

10. 数据来源：韩国贸易协会网站，http://global.kita.net/。

11. 数据来源：WTO 国际贸易统计 2013 年商业服务贸易。

12. 数据来源：WTO 国际贸易统计 2013 年商业服务贸易，http://www.wto.org/english/res_e/statis_e/its2013_e/its13_trade_category_e.htm。

13. 数据来源：韩国进出口银行，http://www.koreaexim.go.kr。

14. 数据来源：韩国贸易协会网站，http://global.kita.net/。

15. 数据来源：根据韩国贸易协会网站整理计算所得。

16. 数据来源：WTO 国际贸易统计 2013 年商业服务贸易，http://www.wto.org/english/res_e/statis_e/its2013_e/its13_trade_category_e.htm。具体见附录五。

17. 数据来源：韩国进出口银行，http://www.koreaexim.go.kr。

18. 数据来源：韩国—欧盟 FTA 协议报告（WTO）。

19. 数据来源：韩国政府"韩美详细说明资料" 2007 年 5 月。

20. 王箫轲：《中韩经济相互依赖关系的比较分析》，载《亚太经济》2013 年第 5 期，第 91—95 页。

21. 表 2-23、表 2-24、表 2-25 数据来源：联合国贸易和发展数据库，http://unctadstat. unctad.org / TableViewer/tableView.aspx。

22. 数据来源：韩国进出口银行，http://www.koreaexim.go.kr。

23. 数据来源：韩国进出口银行，http://www.koreaexim.go.kr。

24. 数据来源：韩国进出口银行，http://www.koreaexim.go.kr。

25. 数据来源：韩国进出口银行，http://www.koreaexim.go.kr。

26. 表 2-29、表 2-30 数据来源：联合国贸易和发展数据库，http://unctadstat.unctad. org/TableViewer/tableView.aspx。

第三章　东南亚国家（新加坡、印尼）FTA 发展状况

第一节　新加坡经贸情况及其与亚太地区贸易联系

一、新加坡经济基本情况

新加坡是一个多元种族融合的经济体，主要是以私有经济占主导的经济高度发展的国家，但政府会辅以财政与行政力量协助其内外经济稳定发展。根据美国传统基金会与《华尔街日报》2013 年的"经济自由度指数"报告排名，新加坡排名世界第 2 名，仅次于中国香港。[1]

新加坡经济的发展经历了由独立初期时的劳动密集型工业，逐步过渡到具有高附加价值的资本、技术密集型工业和高科技产业，进而发展到目前的信息产业等知识密集型经济。20 世纪 70 年代，新加坡开始逐步摆脱了仅仅依靠转口贸易维持生计的局面，国家日益走向富裕，逐渐发展成为新兴的发达国家，并因此被誉为"亚洲四小龙"之一。[2]

新加坡经济曾长期高速增长，1960—1984 年 GDP 年均增长 9%。1997 年受到亚洲金融危机冲击，但并不严重。2001 年受全球经济放缓影响，经济出现 2% 的负增长，陷入独立之后最严重的衰退。为刺激经济发展，政府提出"打造新的新加坡"，努力向知识经济转型，并成立经济重组委员会，全面检讨经济发展政策，积极与世界主要经济体商讨签订自由贸易协定。2004 年，新加坡经济出现恢复性高速增长，达 8.4%。2005 年，受国际油价高企、禽流感和恐怖主义威胁等不利因素影响，其经

济增长略有下降，为 6.4%。2006 年，经济再次实现高速发展，增长 8.4%。2007 年继续保持良好态势，增长 7.8%。[3]

2008 年受国际金融危机影响，金融、贸易、制造、旅游等多个产业遭到冲击，海峡时报指数创五年内新低，经济增长率为 1.1%。新加坡政府采取积极应对措施，加强金融市场监管，努力维护金融市场稳定，提升投资者信心并降低通胀率，并推出新一轮刺激经济政策，2009 年后新加坡经济逐渐得到恢复。

表 3-1　近 10 年新加坡宏观经济数据[4]

年份	GDP（亿美元）	经济增长率	人均 GDP（美元）
2003 年	959.6	4.6	23 319
2004 年	1 126.90	9.2	27 046
2005 年	1 245.10	7.4	29 400
2006 年	1 457.50	8.8	33 114
2007 年	1 775.80	8.9	38 700
2008 年	1 899.70	1.7	39 255
2009 年	1 888.30	− 0.8	37 860
2010 年	2 317.00	14.8	45 640
2011 年	2 656.00	5.2	51 237
2012 年	2 765.20	1.3	52 045

注意：GDP（美元）和人均 GDP（美元）系以当前市场价计算，再按照当年新元兑美元平均汇率（1:1.2497）折算得出，下同；经济增长率（%）则按 2005 年市场价计算；2009—2011 年数据有所更新。

从表 3-2 可以看出，2012 年新加坡名义国内生产总值为 3 456 亿新元（折合 2 765 亿美元）；按 2005 年不变价格计算的国内生产总值为 3 052 亿新元，实际增幅 1.3%。总体来看，新加坡全年经济发展呈前高后低、探底回升之势。2012 年 1—4 季度，其 GDP 同比增幅分别为 1.5%、2.3%、0.0% 和 1.1%，环比增幅分别为 7.8%、0.1%、− 4.6% 和 3.3%。从行业来看，建筑业受公共工程支撑表现最为强劲，全年增加值增长 8.2%；由于金融保险、批发零售及其他服务业温和增长，全年服务业增长值同比略增 1.2%；而制造业增加值因受电子业持续疲软的拖累，全年微增 0.1%。

根据 2013 年前三季度的数据，新加坡名义国内生产总值为 906 亿新元；按 2005 年不变价格计算的国内生产总值为 803 亿新元，实际涨幅为 5.8%。

表 3-2　新加坡 2012—2013 年第三季度 GDP 数据 [5]

Gross Domestic Product (GDP)	Latest Period	Latest Data	%Change (Y-O-Y)1	Previous Period Data	%Change (Y-O-Y)2
GDP at Current Market Prices	S$m Q3 "13	90 603.10	6.3	90 835.40	5.3
(GDP) at 2005 market prices	S$m Q3 "13	80 335.20	5.8	80 295.10	4.4
(GDP) at2005 market prices (SA)	S$m Q3 "13	80 165.30	1.3	79 905.20	17.4
(GDP)at current market prices	S$m 2012	345 560.50	3.4	334 092.70	5.8
(GDP) at 2005 market prices	S$m 2012	305 201.50	1.3	301 228.40	5.2
Per capita GDP	S$m 2012	65 048	0.9	64 451	3.6
Per capita GNL	S$m 2012	64 310	0.6	63 921	3.2

二、新加坡对外贸易关系

新加坡经济外向型程度高，高度依赖国际市场。新加坡政府一直积极参与并推动全球贸易自由化进程，对外贸易为新加坡国民经济重要支柱。新加坡以电子、石油化工、金融、航运、服务业为主，高度依赖美、日、欧和周边市场，外贸总额是 GDP 的 4 倍。其主要出口电子真空管、加工石油产品、办公及数据处理机零件、数据处理机和电讯设备等；进口电子真空管、原油、加工石油产品、办公及数据处理机零件等。

（一）贸易结构

根据 2012 年数据，新加坡外贸出口中，油品和非油品出口分别占 37% 和 63%，本国产品出口与转口分别占 56% 和 44%。出口的本国产品主要为：矿物燃料（主要为石油类产品）（占 37%）、机械设备（占 41%）、化学品（占 18%）。主要进口商品为：机械设备（占 41%）、矿物燃料（主要为石油类产品）（占 33%）、化学品（占 7%）、工业品（占 6%）。

从表3-3可以看出，机电产品、矿产品和化工产品是新加坡的主要出口商品，2013年1—9月出口1 332.2亿美元、538.9亿美元和282.2亿美元，占新加坡出口总额的43.6%、17.7%和9.2%，机电产品增长1.4%，矿产品和化工产品下降5.1%和10.9%。机电产品中，电子类产品出口915.9亿美元，增长4.3%；机械类产品出口416.3亿美元，下降4.3%。

表3-3　新加坡主要出口商品构成（类）[6]（单位：百万美元）

商品类别	2013年1—9月	上年同期	同比 %	占比 %
总值	305 250	306 965	− 0.6	100
机电产品	133 224	131 360	1.4	43.6
矿产品	53 891	56 770	− 5.1	17.7
化工产品	28 216	31 679	− 10.9	9.2
光学、钟表、医疗设备	12 405	11 395	8.9	4.1
塑料、橡胶	11 762	11 889	− 1.1	3.9
运输设备	10 484	11 165	− 6.1	3.4
贱金属及制品	8 408	8 198	2.6	2.8
贵金属及制品	5 675	5 081	11.7	1.9
食品、饮料、烟草	5 672	5 138	10.4	1.9
纤维素浆；纸张	4 778	3 024	58	1.6
纺织品及原料	1 687	1 635	3.2	0.6
家具、玩具、杂项制品	1 672	1 049	59.4	0.6
活动物；动物产品	627	568	10.3	0.2
植物产品	574	583	− 1.5	0.2
皮革制品；箱包	549	501	9.5	0.2
其他	25 628	26 929	− 4.8	8.4

表3-4显示，机电产品和矿产品是新加坡进口的前两大类商品，2013年1—9月进口1 070.8亿美元和886.1亿美元，占新加坡进口总额的38.5%和31.8%，机电产品增长2.5%，矿产品下降6.0%。在机电产品中，电子类产品进口704.8亿美元，增长6.3%；机械类产品进口366.0亿美元，下降4.1%。运输设备和塑料橡胶是新加坡进口降幅较大的商品，进口额为92.0亿美元和65.9亿美元，下降19.2%和12.9%。

表 3-4　新加坡主要进口商品构成（类）[7]（单位：百万美元）

商品类别	2013 年 1—9 月	上年同期	同比 %	占比 %
总值	278 297	284 366	− 2.1	100
机电产品	107 084	104 491	2.5	38.5
矿产品	88 614	94 257	− 6	31.8
化工产品	15 195	14 740	3.1	5.5
贱金属及制品	11 604	11 838	− 2	4.2
光学、钟表、医疗设备	9 617	8 946	7.5	3.5
运输设备	9 197	11 376	− 19.2	3.3
塑料、橡胶	6 592	7 570	− 12.9	2.4
贵金属及制品	6 111	6 412	− 4.7	2.2
食品、饮料、烟草	4 971	4 479	11	1.8
纺织品及原料	2 644	2 497	5.9	1
活动物、动物产品	2 343	2 250	4.1	0.8
纤维素浆、纸张	1 919	2 070	− 7.3	0.7
家具、玩具、杂项制品	1 892	1 993	− 5.1	0.7
植物产品	1 823	1 694	7.6	0.7
陶瓷、玻璃	1 385	1 458	− 5	0.5
其他	7 306	8 295	− 11.9	2.6

（二）贸易总量

据新加坡国际企业发展局统计，2007 年新加坡对外贸易进出口总额为 5 617.5 亿美元（8 466.1 亿新元），其中进口 2 627.4 亿美元，出口 2 990.0 亿美元，顺差 362.6 亿美元。

2012 年新加坡对外贸易进出口总额为 7 881 亿美元。其中进口 3 798 亿美元，出口 4 083 亿美元，同比幅度分别为 1.1%、3.2%、和 − 0.9%，贸易顺差 285 亿美元。

2013 年 1—10 月，新加坡货物进出口额为 6 569.6 亿美元，比上年同期（下同）下降 0.5%。其中，出口 3 446.5 亿美元，增长 0.5%；进口 3 123.1 亿美元，下降 1.6%。贸易顺差 323.4 亿美元，增长 27.0%。

表 3-5 新加坡对外贸易年度和月度表[8]（单位：百万美元）

时间	总额	同比 %	出口	同比 %	进口	同比 %	差额	同比 %
2001 年	237 635	− 12.7	121 691	− 11.6	115 943	− 13.8	5 748	76.4
2002 年	241 578	1.7	125 156	2.8	116 422	0.4	8 734	52
2003 年	296 517	22.7	160 116	27.9	136 401	17.2	23 715	171.5
2004 年	372 510	25.6	198 791	24.2	173 719	27.4	25 072	5.7
2005 年	429 755	15.4	229 681	15.5	200 075	15.2	29 606	18.1
2006 年	510 816	18.9	271 916	18.4	238 900	19.4	33 016	11.5
2007 年	562 651	10.1	299 404	10.1	263 247	10.2	36 157	9.5
2008 年	657 891	16.9	338 143	12.9	319 748	21.5	18 395	− 49.1
2009 年	515 761	− 21.6	269 909	− 20.2	245 852	− 23.1	24 057	30.8
2010 年	663 049	28.6	352 076	30.4	310 973	26.5	41 102	70.9
2011 年	775 684	17	409 722	16.4	365 961	17.7	43 761	6.5
2012 年	788 557	1.7	408 621	− 0.3	379 935	3.8	28 686	− 34.4
2013 年 1 —10 月	583 547	− 1.3	305 250	− 0.6	278 297	− 2.1	26 953	19.3
1 月	65 884	5.5	33 694	6.3	32 190	4.7	1 504	60.4
2 月	56 650	− 16.3	29 317	− 18.6	27 333	− 13.7	1 984	− 54.4
3 月	62 918	− 9.6	33 314	− 6.7	29 604	− 12.6	3 710	98.6
4 月	67 352	2.9	35 332	2.4	32 021	3.5	3 311	− 7.2
5 月	67 190	− 0.5	35 352	2.3	31 837	− 3.5	3 515	125.2
6 月	62 850	− 4.8	33 239	− 1.7	29 611	− 8.2	3 629	132.8
7 月	67 346	4.9	34 989	4.5	32 357	5.3	2 632	− 5
8 月	65 057	1.5	34 069	1.9	30 988	1.1	3 082	11.1
9 月	68 298	6.2	35 943	6.5	32 356	5.9	3 587	11.8
10 月	73 450	6	39 420	9	34 030	3	5 380	87

根据图 3-1 显示，新加坡自亚洲金融危机后贸易表现良好，除去 2009 年金融危机的影响，无论进出口贸易都持续增长。总体上新加坡对外出口稍大于对内进口的贸易额。

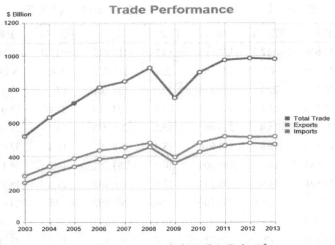

图3-1 2003—2013年新加坡贸易表现[9]

（三）主要贸易伙伴

20世纪70年代以后，美国、日本、马来西亚和欧共体成为新加坡的主要贸易伙伴；20世纪80年代，美国、日本和马来西亚与新加坡的双边贸易占了新加坡对外贸易总额的45%左右。以出口市场而言，20世纪60—70年代马来西亚及邻近东南亚国家、欧共体和美国，是新加坡的主要出口市场；20世纪80年代，美国、日本、马来西亚、欧共体市场和中国香港是新加坡的五个主要出口市场。以进口市场而言，20世纪60年代，新加坡的进口来源地主要是马来西亚及邻近东南亚国家，这些地方的进口货物占新加坡进口总额的一半，其中马来西亚为首要来源国；20世纪70年代，日本成为新加坡的首要供应国，占了对新加坡对外贸易总额的20%，其他主要进口国依次是马来西亚、欧共体和美国；20世纪80年代，日本保持了首要供应国地位，其他的依次是美国、马来西亚和沙特阿拉伯。

20世纪90年代后期，新加坡出口前5大市场是美国、欧盟、马来西亚、中国香港和日本。新加坡的主要贸易伙伴国并没有太大的变化，马来西亚、美国和日本仍然是新加坡最主要的三个贸易伙伴，但与90年代前期相比，马来西亚成为了新加坡最大的贸易伙伴，贸易总额在2000年超过了820亿新元。促进贸易增长的主要原因是电子产品付运量的需求强劲，占总贸易额的60%。

进入21世纪后，特别是在21世纪的头几年里，由于全球电子需求量大幅下跌，以及美国、欧盟和日本等世界主要经济体经济发展放缓，新加坡对外贸易总额在2001—2005年间缩水9.4%。由于新加坡、马来西亚电子产品贸易量的增加，马来西亚在这几年中一直保持了新加坡最大贸易伙伴的地位。但在新加坡的主要贸易伙伴中，中国和日本的地位开始发生了变化，中国对新加坡的贸易地位逐渐超过日本，在 2005 年，新中双边贸易达到 670 亿新元，超过新日双边 529 亿新元的贸易额。之后马来西亚保持了与新加坡最大的贸易伙伴关系，紧随其后的是迅速赶上的中国，2005—2010 年新中双边年均贸易额为 878.51 亿新元，超越了新加坡这五年与美国的年均贸易额（为 820.12 亿新元）。

2012 年新加坡前十大贸易伙伴为：马来西亚（11.5%）、欧盟（10.7%）、中国大陆（10.5%）、印尼（8.1%）、美国（7.7%）、中国香港（6%）、韩国（5.4%）、日本（5.3%）、中国台湾（5%）和泰国（3.3%）。其中，前 10 大出口市场为马来西亚、中国香港、中国大陆、印尼、欧盟、美国、日本、澳大利亚、韩国和泰国；前 10 大进口来源地为欧盟、马来西亚、中国大陆、美国、韩国、中国台湾、日本、印尼、沙特和阿联酋。

根据表 3-6，分国别（地区）看，2013 年 1—9 月新加坡对马来西亚、中国大陆、中国香港和印度尼西亚的出口额分别占其出口总额的 12.0%、11.2%、11.1% 和 10.1%，其中对马来西亚和印尼出口下降 3.8% 和 7.4%，对中国大陆和中国香港的出口增长 8.0% 和 2.0%。自中国、马来西亚、美国和中国台湾的进口额分别占其进口总额的 11.6%、10.9%、10.5% 和 7.8%，其中自马来西亚进口微降 0.8%，自中国、美国和中国台湾的进口增长 12.0%、0.3% 和 18.4%。

根据表 3-7，新加坡前 5 大顺差来源地依次是中国香港、印度尼西亚、巴拿马、澳大利亚和马来西亚，2013 年 1—9 月顺差额分别为 315.6 亿美元、165.7 亿美元、90.0 亿美元、88.4 亿美元和 63.9 亿美元，中国香港和澳大利亚增长 2.3% 和 2.2%，印度尼西亚、巴拿马和马来西亚下降 7.9%、7.8% 和 15.9%。新加坡贸易逆差主要来自美国、中国台湾和阿联酋，1—9 月分别为 123.2 亿美元、103.8 亿美元和 80.9 亿美元，美国和阿联酋下降 4.4% 和 5.2%，中国台湾增长 41.2%。

表 3-6　新加坡主要贸易伙伴进口额 [10]（2013 年 1—9 月）（单位：百万美元）

国家和地区	金额	同比 %	占比 %
总值	278 297	− 2.1	100
中国大陆	32 157	12	11.6
马来西亚	30 197	− 0.8	10.9
美国	29 339	0.3	10.5
中国台湾	21 765	18.4	7.8
韩国	18 497	2.7	6.7
日本	15 155	− 15.3	5.5
印度尼西亚	14 184	− 6.8	5.1
阿联酋	12 370	3.5	4.5
沙特阿拉伯	8 845	− 31.2	3.2
德国	8 004	− 0.9	2.9
印度	7 076	− 30.3	2.5
泰国	6 725	− 13.2	2.4
卡塔尔	6 167	3.4	2.2
法国	6 121	− 14.6	2.2
英国	5 965	17.1	2.1

表 3-7　2013 年 1—9 月新加坡对主要贸易伙伴出口额 [11]（单位：百万美元）

国家和地区	金额	同比 %	占比 %
总值	305 250	− 0.6	100
马来西亚	36 584	− 3.8	12
中国大陆	34 283	8	11.2
中国香港	33 715	2	11.1
印度尼西亚	30 753	− 7.4	10.1
美国	17 020	3.9	5.6
日本	13 075	− 4	4.3
韩国	12 498	− 0.9	4.1
澳大利亚	12 049	− 1.2	4
泰国	11 687	− 1.5	3.8
中国台湾	11 387	3.3	3.7
巴拿马	9 007	− 7.7	3
印度	8 518	1	2.8
越南	8 187	2.4	2.7
荷兰	5 010	− 4.8	1.6

表 3-8   新加坡贸易差额主要来源[12]（单位：百万美元）

国家和地区	2013 年 1-9 月	上年同期	同比 %
总值	26953	22598	19.3
主要顺差来源			
中国香港	31 556	30 850	2.3
印度尼西亚	16 568	17 984	− 7.9
巴拿马	9 002	9 759	− 7.8
澳大利亚	8 836	8 646	2.2
马来西亚	6 388	7 598	− 15.9
越南	6 243	6 282	− 0.6
泰国	4 962	4 118	20.5
利比里亚	2 856	3 255	− 12.2
中国大陆	2 126	3 052	− 30.4
马绍尔群岛	2 003	1 789	12
主要逆差来源			
美国	− 12 319	− 12 885	− 4.4
中国台湾	− 10 378	− 7 352	41.2
阿联酋	− 8 088	− 8 531	− 5.2
沙特阿拉伯	− 7 851	− 11 859	− 33.8
韩国	− 5 998	− 5 405	11

（四）新加坡签署的自由贸易协定

由于新加坡经济结构的特点，所以新加坡除了东盟区域内的多边自贸协定，更多的是侧重于双边自由贸易，发展双边自由贸易外交，通过双边外交谈判取得共赢的协定。新加坡一直致力于发展双边自由贸易外交，对于为什么要大力发展自由贸易，新加坡前内阁总理李光耀曾说："新加坡的经济是自由开放的，对外贸易是我们的经济命脉，所以新加坡的贸易政策的首要目标就是努力显示一个自由开放的国际贸易市场来确保新加坡的贸易利益。新加坡与多个国家签订自由贸易协定，其目的就是寻找多个'辐条'，使其在复杂多变的国际环境中，不因与某个国家外交关系的变化，而引起新加坡经济及其生存环境的动荡，简单来说，就是使得新加坡成为'轮轴'而不是'辐条'。另外，也是深化和强化新加坡同他国经济联系，施行'捆绑'战术，实现与世界大国'一荣俱荣，一损俱损'。"[13]

1. 新加坡已经签署的自由贸易协议

东盟 FTA、东盟—澳大利亚—新西兰 FTA、东盟—中国 FTA、东盟—印度 FTA、东盟—日本 FTA、东盟—韩国 FTA、新加坡—新西兰 FTA、新加坡—日本

FTA、新加坡—澳大利亚 FTA、新加坡—美国 FTA、新加坡—巴拿马 FTA、新加坡—约旦 FTA、新加坡—印度 FTA、新加坡—韩国 FTA、跨太平洋策略性经济伙伴协定（TPFTA）、新加坡—中国 FTA、新加坡—海湾合作委员会 FTA、新加坡—欧洲自由贸易联盟 FTA、新加坡—哥斯达黎加 FTA、新加坡—欧盟 FTA。

2. 在进行的谈判

新加坡—加拿大 FTA、新加坡—墨西哥 FTA、新加坡—巴基斯坦 FTA、新加坡—乌克兰 FTA、跨太平洋伙伴关系协定（TPP）。

三、新加坡在区域内部的贸易合作

要了解新加坡与东盟国家之间的贸易状况，首先要知道东盟国家的经济规模和发展水平之间的巨大差异。东盟各国的经济水平可以分为三个阵营，新加坡属于完成工业化的发达国家，印尼、马来西亚、泰国和菲律宾（ASEAN4）代表新兴的市场经济，文莱、柬埔寨、老挝、缅甸和越南（BCLMV）几个国家属于欠发达国家。

新加坡对外贸易的发展在东盟国家中的表现可谓一枝独秀。在东盟成员国之间的贸易中，新加坡—马来西亚—印度尼西亚之间的贸易一直占有重要地位。这三个国家之间主要有四个贸易流动方向：新加坡出口到马来西亚、马来西亚出口到新加坡、印度尼西亚出口到新加坡和新加坡出口到印度尼西亚。新加坡在东盟国家之间的相互贸易起到了桥梁的作用。

新加坡的战略位置不仅有助于东南亚的发展，同时也使得新加坡与时俱进、持续繁荣。由于新加坡没有国内市场腹地，因此其谋求经济发展的选择非常有限，所以，新加坡努力发展成为一个地区贸易中心和国际贸易中心的愿望也就顺理成章。新加坡作为本区域中转港口的重要性也有助于邻国与世界市场发生更加有效的联系，多年以来，新加坡与邻国建立起了强大的贸易和投资关系，并在本区域成为重要的增长中心。

（一）东盟自贸区对新加坡在东盟内部贸易的影响

为了早日实现东盟内部的经济一体化，东盟自由贸易区于 2002 年 1 月 1 日正式启动。自由贸易区的目标是实现区域内贸易的零关税。文莱、印度尼西亚、马来西亚、菲律宾、新加坡和泰国 6 国已于 2002 年将绝大多数产品的关税降至 0%—5%。越南、老挝、缅甸和柬埔寨 4 国于 2015 年实现这一目标。

根据表 3-9 和图 3-2 可以看出，新加坡在东盟内部的贸易往来仍占据较大比重。东盟自贸区启动以来，新加坡与东盟的贸易在新加坡的对外贸易的地位总体在增强，数据统计显示，自贸区启动之后的次年，即 2003 年，新加坡与东盟的贸易总额占了新加坡与全球贸易总额的 24.7%（不包括新加坡与印尼的贸易）。东盟自贸协议的签署的确促进了新加坡在东盟的贸易量（见图 3-2）。但是另一方面，新加坡对东盟内部的贸易量增长慢于其与外部贸易的增速，也不排除是新加坡大力推动区域外双边贸易的结果。

表 3-9　新加坡在东盟内部和外部贸易往来数据 [14]

	Total Trade	Intra-ASEAN Trade	Extra-ASEAN Trade
1995	214 734.00	56 308.30	158 425.70
1996	240 761.00	61 803.60	178 957.40
1997	264 147.00	66 190.70	197 956.30
1998	211 298.80	49 645.80	161 653.00
1999	225 623.10	55 510.30	170 112.80
2000	273 032.60	71 075.30	201 957.30
2001	237 605.90	61 806.40	175 799.50
2002	241 379.00	64 404.00	176 975.00
2003	296 116.40	91 328.40	204 788.10
2004	372 095.20	109 678.60	262 416.60
2005	429 966.90	124 125.10	305 841.90
2006	510 089.90	146 102.00	363 987.90
2007	562 452.40	160 853.60	401 598.70
2008	657 956.20	183 217.60	474 738.60
2009	515 617.10	140 694.10	374 923.10
2010	699 273.30	189 983.20	509 290.10
2011	775 152.60	205 670.90	569 481.70

图 3-2　新加坡在东盟区域内外贸易往来数据 [15]

据官方统计，新加坡、马来西亚和印度尼西亚三个国家之间的贸易在 1992 年大约占东盟国家之间贸易总量的 61%，到 1995 年则达到了 79%。尽管在这三个国家之间的贸易增长的同时，泰国、菲律宾和文莱的贸易也在增长，但新加坡仍然保持了东盟国家之间贸易的最重要地位。据统计，1993—2001 年，新加坡的区域内贸易比重从 23.34% 升至 26.01%。实际上，新加坡与老东盟国家之间的双边贸易从总额上看仍然占据新加坡对东盟各国贸易的主导地位。在东盟内部的贸易中，新加坡与马来西亚和印度尼西亚的双边贸易额高居前两位。由图 3-3 可以看出，尽管新加坡与马来西亚和印度尼西亚这两个国家的双边贸易仍然是重要大户，但是，新加坡与印度尼西亚的年均贸易额增长超过了马来西亚。

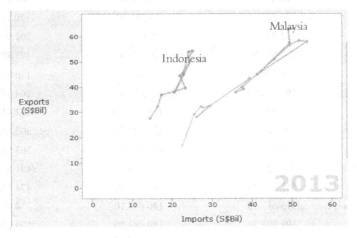

图 3-3　1993—2013 年新加坡对印度尼西亚和马来西亚的贸易额变化情况 [16]

（二）东盟自贸区启动对东盟内部贸易的影响

根据东盟官方网站所提供的数据，2002 年自贸协议签署之后，单纯根据区域内贸易数据变化可以看出，其区域内部贸易的确有所上升（见图 3-4），但是实际上，从图中也很明显地看出东盟的整体贸易水平都呈现上升趋势，而外部贸易量的增速甚至超过内部贸易量的增速。再根据图 3-5 可以发现，1993—2011 年，东盟区域内部贸易比重几乎未发生变化，一直占东盟贸易比重的 25% 左右。从这些数据可以看出，东盟市场实际上是一个对外开放程度很高的市场，这使得其在促进自身经贸发展的同时，对外部市场的依赖度相当高，实际区域内的经贸联系却相对较少。

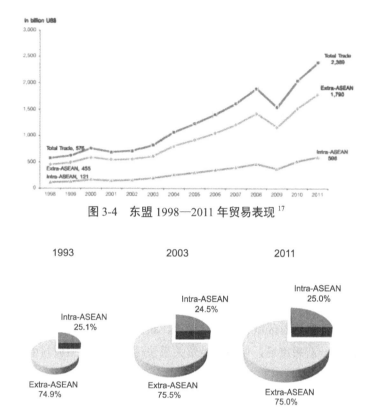

图 3-4　东盟 1998—2011 年贸易表现[17]

图 3-5　东盟区域内部贸易比重[18]

（三）小　　结

第一，东盟区域合作存在一定的阻碍因素。根据前述对东盟内部贸易关系的分析可以看出，东盟内部贸易发展实际上停滞不前，这不仅由于其对外部市场有较大的依赖性。另一方面，由于新加坡与东南亚国家之间不但在经济发展上存在巨大的差异，在政治体制社会制度方面也存在差别。事实上成员国间的这种差距今后仍会继续存在，并将是影响未来区域经济合作发展的重要因素。

第二，新加坡在东盟自贸区发挥着巨大作用。实际上，东盟最大的弱点就是其成员国的多元化，当新加坡独立后采取以出口为导向的自由贸易政策时，其他成员国还在实施替代工业化。从经济结构讲，有资源匮乏的新加坡和资源丰富的马来西亚，也有农业发展突出的泰国和菲律宾，还有以石油主导经济的文莱。因此，尽管东盟各国间有形式较为完备的组织形式来促进区域内贸易，但各国都处于外向型经济起步发展阶段,各国都希望通过出口创汇来实现工业化。所以只有新加坡这样的新兴工业化国家有能力吸收成员国的产品,也有能力向成员国输出互补性产品,而其他成员国之间的贸易竞争关系要强于互补关系。

根据上述分析可以看出,虽然新加坡是东盟内部贸易中的领头羊,但就东盟的发展前景以及新加坡自身而言,仅仅依靠东盟是不够的,其对经济发展的作用力也是非常有限的,因此新加坡不可能仅仅依靠区域内的贸易。而实际上,新加坡在积极参与东盟区域内部贸易的同时,更加注重利用外部市场推动自身发展,积极开展双边贸易谈判。

四、新加坡与中美的经贸合作

正如上文提到的,新加坡除了区域间的贸易往来,更多的是侧重于双边自由贸易,发展双边自由贸易外交,通过双边外交谈判取得共赢的协定。本文选择最有代表形象的中国和美国对新加坡的双边贸易来进行说明。

伴随着经济全球化与区域化进程的加速,新加坡积极推动与中国的经贸合作,大力拓展中国这一新兴市场,使中新经贸关系快速发展。新加坡与中国的贸易呈现全方位、多领域合作同时共进的特点。

美国是世界上最大的经济体,是新加坡最大的出口市场,也是新加坡最大的直接投资来源国。对于新加坡这个人口较少,且没有自然资源而严重依赖对外贸易的城市国家而言,美国的重要性不言而喻。

就美国与整个东盟而言,二者之间的贸易是不对称的,东盟与美国的贸易和东盟内部的贸易之和占整个东盟与世界贸易的60%,而美国与东盟的贸易只占美国与世界贸易的15%。美国对东盟的出口主要集中在新加坡、马来西亚和泰国,从东盟进口主要的来源地是马来西亚、新加坡和泰国。[19] 而新加坡与美国的贸易也体现出很大的不对称性,下文将进行详细介绍。

(一)中国与新加坡的贸易联系

从自贸协定方面,新加坡与中国签署的自贸协定主要有两个:

1. 东盟—中国(ACFTA)

2001年11月,东盟与中国同意启动的东盟—中国自由贸易区(ACFTA)的谈判。之后,中国与东盟签署了《中国—东盟全面经济合作框架协议》。

2004年,双方签署货物贸易协议。根据这项协议,中国和6个原东盟成员国在

2010年之前消除90％的产品的关税，而柬埔寨、老挝、缅甸和越南在2015年前实现此目标。

2007年7月，服务贸易协议生效。根据该协议，服务和服务供应商在做出承诺的地区将享受更好的市场准入和国民待遇。该项投资协议于2010年2月15日起实施。该协议将有助于创造一个更加透明和便利的环境，并给予东盟企业提供在中国蓬勃发展的机会。

2. 新加坡—中国（CSFTA）

中国与新加坡于2008年10月签署了中国—新加坡自由贸易协定，新加坡是首个同中国签署全面自贸协定的东盟国家。根据协定，新加坡已于2009年1月1日起取消全部自中国进口商品关税；中国也于2010年1月1日前对97.1％的来自新加坡的进口商品实行零关税。两国还在服务贸易、投资、人员往来、海关程序、卫生及植物检疫等方面进一步加强合作。中新签署自由贸易协定是两国经贸合作历史上的一个重大事件，标志着中新经贸合作进入一个新的历史阶段，对推动中新经贸关系向更高层次、更深领域发展起到重要作用。

2009年1月1日中国—新加坡自由贸易协定正式生效，内容涉及货物贸易、服务贸易、投资和其他经济合作。自协定实施以来，双边贸易关系快速发展。在货物贸易方面，双方的产业结构有一定的互补性，我国的农产品、原材料等向新加坡的出口有所增加。服务贸易方面，新加坡主要集中在知识含量高的新型服务业，如通讯、金融、信息与技术和其他商业服务等。中国则在建筑服务、海运服务、旅游服务、计算机信息服务、商务服务等方面竞争力较强。工程承包和劳务合作方面，新加坡是我国对外承包工程和劳务输出的重要市场。新加坡货币汇率相对人民币较高，政治稳定、交通便利、语言障碍小，而中国拥有大量剩余劳动力、成本较低，且在房建、地铁、港口和地产等领域技术成熟。

2010年4月14—15日，双方召开了第一次工作会议，对中国—新加坡自由贸易协定的执行情况进行了回顾，并探讨进一步通过自贸协定促进双边货物流通、服务、投资等方面的合作。2011年7月，双方签署两份补充协议，加强危机管理方面的合作，为双方企业办理关税优惠手续提供更多便利，同时在美容和城市交通服务等服务行业中提早为新加坡提供优于东盟其他国家的待遇。

下面将根据新加坡与中国贸易发展的情况研究该自贸协议的作用。

1. 中新贸易趋势分析

图3-6和图3-7显示，在2002年之前，中国与新加坡双边贸易增长相对较为

缓慢，期间贸易总额增长率为 11.38%（其中进、出口贸易增长率分别为 12.01% 和 10.98%）；而从 2003 年开始，中新两国的双边贸易得到迅猛地发展，贸易总额年平均增长率达 24.96%（其中进、出口贸易增长率分别为 20.16% 和 29.57%）。在贸易绝对量上，中国与新加坡的进、出口贸易额分别在 2003 年和 2004 年突破 100 亿美元的大关，分别为 104.85 亿美元和 126.88 亿美元，而到 2008 年，两国的对外贸易更上一个新台阶，进、出口贸易额分别达到 200.64 亿美元和 323.15 亿美元。

从以上的分析中不难看出 CAFTA 协议的签署对中国与新加坡双边贸易的发展起到了显著的促进作用。新加坡与中国保存着长期密切的贸易关系，近年来，双边贸易持续稳定增长。

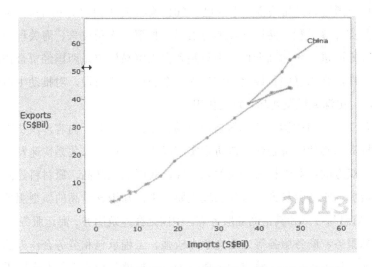

图 3-6　1993—2013 年新加坡对中国进出口贸易额变化情况 [20]

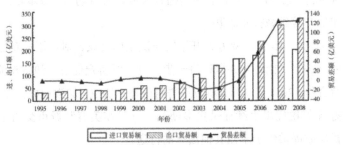

图 3-7　1995—2008 年中新双边贸易发展趋势图 [21]

表 3-10 2003—2012 年中新贸易情况[22]（单位：亿美元）

年份	进出口额	中国出口	中国进口	累计比去年同期增减（%）		
				进出口	中出口	中进口
2003 年	193.5	88.7	104.8	37.9	27.3	48.8
2004 年	266.8	126.9	139.9	37.9	43.1	33.5
2005 年	331.5	166.3	165.2	24.2	31.1	18.0
2006 年	408.5	231.9	176.7	23.3	39.4	7.0
2007 年	471.6	296.4	175.2	15.4	27.8	0.9
2008 年	524.4	323.0	201.4	10.5	7.9	14.9
2009 年	478.7	300.7	178.0	− 8.8	− 6.9	− 11.8
2010 年	570.6	323.5	247.1	19.2	7.6	38.8
2011 年	634.8	355.7	279.2	11.2	10	12.9
2012 年	692.8	407.5	285.2	8.7	14.6	1.4

2. 增速角度分析

由图 3-6 可以看出，1995—2000 年，中新两国贸易保持持续增长，1998 年因受亚洲金融危机的影响，两国贸易有所下降，贸易总额出现负增长，但之后又迅速呈现增长趋势。2001—2011 年两国双边贸易进入高速发展时期，两国的双边贸易总额年平均增长率达到 21.03%，贸易关系保持稳步上升。其中，2002 年后，即 CAFTA 签署后，双方进出口贸易额迅速增加，在 2003 年与 2004 年，两国贸易增长速率达到历史高峰，两国贸易总额分别为 193.53 亿美元和 266.84 亿美元，贸易总额增长率分别达到 37.93% 和 37.88%。2008 年金融危机席卷全球，中新两国贸易有所下降，增长速率放缓。2009 年两国贸易总额出现负增长，增长率为 − 8.72%。但在 2010 年两国双边贸易快速复苏，贸易增速达 19.21%，超过 2007 年水平。在 2011 年，中新两国双边贸易总额达到了 634.82 亿美元，是 1995 年 68.99 亿美元的 9.2 倍之多。

3. 贸易额角度分析

中新建交以来，双边贸易总额增长迅速。2008 年，中新双边贸易额达到 524.36 亿美元，比 1990 年的 28.15 亿美元增长了 17.63 倍。其中，中国自新加坡进口总额达到 138.4 亿美元，比 1990 年的 8.41 亿美元增长了 22.94 倍；中国向新出口总额达 323.00 亿美元，比 1990 年的 19.75 亿美元增长了 15.35 倍。据新加坡统计，近年来中国一直是新加坡的第 2 大贸易伙伴，截至 2009 年 7 月，中国为新加坡第 4 大出口市场和第 3 大进口来源地，在新加坡对外贸易总额中的比重为 9.9%，仅次于其邻国马来西亚。据中国商务部统计，新加坡是中国的第 10 大贸易伙伴，也是中国在东盟内的第 2 大贸易伙伴。

2007 年以来,受美国次贷危机的影响,中新贸易表现出三波起伏,分别出现在 2007 年、2008 年、2009 年的第一季度,而第三波跌幅最大。2007 年 1—2 月,中新进出口贸易额出 2006 年 12 月的 40.74 亿美元下降至 35.90 亿美元和 31.53 亿美元,下降幅度均超过 12%;第二波下降自 2007 年底第四季度开始至 2008 年第一季度,2008 年 2 月出现当年单月最大跌幅(19%);第三波下降自 2008 年 8 月份(54.14 亿美元)之后开始,2009 年 1—2 月份跌至谷底,双边贸易总额两月累计只有 64.6 亿美元,同比下降 34.1%,其中 1 月份为 31.2 亿美元,比去年同期大幅下降 42.6%。而后逐步上行,7 月份单月进出口贸易额已恢复至 46.03 亿美元,截至 2009 年 9 月,已达到 48.2 亿美元,其后逐年递增。据中方统计,2011 年,中新双边贸易额为 634.8 亿美元,同比增长 11.2%。其中,中国出口 355.7 亿美元,进口 279.1 亿美元,分别增长 10% 和 12.9%。2012 年,中新双边贸易额为 692.8 亿美元,同比 8.7%。其中,中国出口 407.5 亿美元,进口 285.2 亿美元,分别增长 14.6% 和增长 1.4%。在东盟国家中,新加坡是中国第 3 大贸易伙伴(位于马来西亚、泰国之后,第 1 大出口市场和第 4 大进口市场)。出口 355.7 亿美元,进口 279.1 亿美元,分别增长 10% 和 12.9%。

据新加坡国际企业发展局统计,2013 年 1—10 月,中国与新加坡双边货物进出口额为 751.9 亿美元,增长 10.9%。其中,新加坡对中国出口 392.8 亿美元,增长 9.7%,占其出口总额的 11.4%,提升 1.0 个百分点;新加坡自中国进口 359.1 亿美元,增长 12.3%,占其进口总额的 11.5%,提升 1.4 个百分点。新加坡贸易顺差 33.6 亿美元,下降 12.1%。截至 10 月,中国为新加坡第 2 大贸易伙伴、第 2 大出口市场和第 1 大进口来源地。[23]

4. 中新贸易关系分析

新加坡从中国进口的主要商品为机电产品、矿物燃料和钢铁产品;向中国出口的主要商品为机电产品、矿物燃料、塑料制品和有机化学品等。据新方统计,2013 年新加坡对中国出口的主力产品分别为机电产品(54.5%)、矿产品(12.5%)、化工产品(10.1%)和塑料橡胶(9.5%)。新加坡自中国进口的主要商品为机电产品(60.4%),矿产品、贱金属及制品和化工产品等也是新加坡进口的重要商品。

从表 3-11 和表 3-12 可以看出,无论是新加坡对中国的出口商品还是自中国的进口商品,主要是机电设备及零部件类商品。产业内贸易表现为同一商品目录下商品既进口又出口的现象,由此可以初步判断,中国与新加坡之间机电设备及零部件类商品贸易以产业内贸易为主。中国与新加坡资本密集型和技术密集型的商品产业内贸易指数普遍较高，其中，主要为机电设备及零部件类商品。结合历年情况，可以看出两国此类商品的贸易一直属于产业内贸易。此外交通设备类和光学仪器、精密仪器及乐器类商品也基本属于产业内贸易。

表3-11　新加坡对中国出口主要商品构成（类）[24]（单位：百万美元）

商品类别	2013年1—9月	上年同期	同比 %	占比 %
总值	34 283	31 752	8	100
机电产品	18 699	16 864	10.9	54.5
矿产品	4 274	4 874	− 12.3	12.5
化工产品	3 451	3 097	11.4	10.1
塑料、橡胶	3 253	3 063	6.2	9.5
光学、钟表、医疗设备	1 448	1 039	39.4	4.2
贱金属及制品	723	838	− 13.8	2.1
运输设备	658	558	18	1.9
食品、饮料、烟草	576	531	8.5	1.7
贵金属及制品	125	53	138.4	0.4
纤维素浆；纸张	82	128	− 36	0.2
纺织品及原料	57	45	28.3	0.2
活动物；动物产品	39	12	236.3	0.1
陶瓷；玻璃	30	15	96.4	0.1
家具、玩具、杂项制品	27	29	− 5.7	0.1
皮革制品；箱包	11	5	106.4	0
其他	830	603	37.5	2.4

表3-12　新加坡自中国进口主要商品构成（类）（单位：百万美元）

商品类别	2013年1—9月	上年同期	同比 %	占比 %
总值	32 157	28 701	12	100
机电产品	19 409	17 688	9.7	60.4
矿产品	3 226	1 872	72.3	10
贱金属及制品	2 825	2 435	16	8.8
化工产品	1 178	1 135	3.8	3.7
光学、钟表、医疗设备	784	753	4.2	2.4
纺织品及原料	777	769	1.1	2.4
家具、玩具、杂项制品	656	656	0	2
运输设备	614	839	− 26.9	1.9
塑料、橡胶	552	560	− 1.5	1.7
食品、饮料、烟草	357	344	3.8	1.1

续表 3-12

商品类别	2013 年 1—9 月	上年同期	同比 %	占比 %
贵金属及制品	288	172	67.1	0.9
陶瓷；玻璃	278	278	0.2	0.9
植物产品	259	235	9.8	0.8
皮革制品；箱包	214	218	−1.5	0.7
鞋靴、伞等轻工产品	201	194	3.4	0.6
其他	539	551	−2.3	1.7

5. 中新贸易的比较优势分析

新古典贸易理论认为影响各国进行生产分工和贸易的主要因素是各国比较优势的差异。而各国在资源禀赋、技术、投资模式、规模及需求等方面的差异会形成国际贸易中的比较优势。因此可以通过显性比较优势来分析中新两国之间存在的比较优势差异，从而探究两国开展贸易的基础。显性比较优势指数 RCA（Revealed Comparative Advantage）公式如下：

$$RCA_{ik} = \frac{X_{ik}/X_i}{X_{wk}/X_w}$$

式中 RCA_{ik} 表示 i 国 k 产品的显性比较优势指数，X_{ik} 表示 i 国 k 类产品的出口额，X_i 表示 i 国所有产品的出口额，X_{wk} 表示世界各国 k 类产品的出口额，X_w 表示世界所有产品的出口总额。当 $RCA_{ik} > 1$ 时，说明 i 国在 k 类产品的生产上具有比较优势，而当 $RCA_{ik} < 1$ 时，则表明 i 国在 k 类产品生产上不具有比较优势。

由比较优势理论分析可知，任何一个国家，无论经济上强或弱，无论处于什么发展阶段，都可以确定本国具有比较优势的商品。两国比较优势的差异为两国贸易与国际分工提供了基础，两国按照各自的比较优势进行贸易与分工，可以使两国增加各自具有比较优势的商品的产量，通过贸易可以同时增加两国的国内消费量，双方都会获利。经计算得到如下数据：

表 3-13　中国、新加坡在十大类商品上的 RCA 指数[25]

年份	SITC0	SITC1	SITC2	SITC3	SITC4	SITC5	SITC6	SITC7	SITC8	SITC9
				中国						
2001	0.93	0.33	0.59	0.31	0.15	0.54	1.27	0.81	2.85	0.06
2002	0.86	0.36	0.54	0.34	0.14	0.53	1.26	0.91	2.7	0.07
2003	0.8	0.32	0.47	0.29	0.08	0.57	1.23	1	2.56	0.06

年份	SITC0	SITC1	SITC2	SITC3	SITC4	SITC5	SITC6	SITC7	SITC8	SITC9
2004	0.72	0.25	0.39	0.27	0.06	0.47	1.38	1.12	2.4	0.06
2005	0.61	0.24	0.34	0.35	0.06	0.43	1.25	1.2	2.31	0.06
2006	0.59	0.2	0.32	0.19	0.1	0.43	1.28	1.26	2.32	0.07
2007	0.56	0.17	0.25	0.15	0.11	0.46	1.33	1.31	2.34	0.07
2008	0.44	0.13	0.19	0.14	0.05	0.42	1.12	1.15	2	0.04
2009	0.4	0.36	0.2	0.12	0.04	0.53	1.34	1.39	2.28	0.03
2010	0.41	0.39	0.18	0.13	0.08	0.45	1.22	1.45	2.17	0.02
2011	0.43	0.37	0.22	0.12	0.1	0.5	1.23	1.44	2.18	0.02
新加坡										
2001	0.23	0.9	0.23	0.66	0.52	0.77	0.28	1.66	0.67	1.03
2002	0.24	0.92	0.23	0.64	0.54	0.86	0.3	1.65	0.72	1.38
2003	0.22	0.85	0.22	0.65	0.46	0.99	0.29	1.63	0.7	1.25
2004	0.24	0.65	0.21	0.69	0.4	1.11	0.36	1.6	0.68	1.02
2005	0.21	0.67	0.23	1.03	0.35	1.11	0.31	1.61	0.62	1
2006	0.2	0.68	0.19	1.04	0.3	1.11	0.34	1.6	0.62	1.01
2007	0.21	0.7	0.2	0.84	0.29	1.14	0.33	1.63	0.64	1.52
2008	0.23	0.92	0.21	1.86	0.5	1.05	0.38	1.64	0.68	2.2
2009	0.21	0.69	0.19	0.99	0.41	1.01	0.32	1.6	0.62	1.68
2010	0.17	0.65	0.16	0.79	0.29	0.86	0.24	1.56	0.58	1.4
2011	0.2	0.7	0.2	0.91	0.4	1.03	0.31	1.61	0.65	1.78

由上述分析及表 3-13 可以看出，总体上中国与新加坡在比较优势上存在显著的差异，具有一定的互补性。中新两国在资源密集型产品上各具优势，其中中国的初级产品优势有所下降，而新加坡的比较优势指数较稳定。新加坡在资本密集型产品上具有比较优势，但中国在资本密集型产品上的比较优势存在逐步提高的动态变化，特别是在机械与运输设备类产品上优势逐步提高，中国在劳动密集型产品上存在明显大于新加坡的比较优势。中国与新加坡在比较优势的差异是两国开展国际贸易与国际分工的前提，两国在劳动密集型产业和资本密集型产业的优势互补中互通有无，将大大扩大两国贸易，同时让双方获得更多的贸易收益，成为推进两国贸易的进一步发展的基础。

6. 小 结

（1）中国与新加坡贸易上存在差异性和互补性，这是两国签订自贸协定最主要的前提条件。也是自贸协定签署后双边贸易进一步发展的内在动力。另外，两国关系的持续友好和政府往来也是促进自贸协定签订的积极因素。此时期，中国经济迅猛发展。新加坡不断加强同中国经济合作，意在"搭上中国经济的顺风车"。

（2）中国与东盟自由贸易协议（CAFTA）以及中国与新加坡自由贸易协议（CSFTA）的签订，促进了中新两国的双边贸易，两个自由贸易协议所产生的贸易创造效应大于贸易转移效应。中—新FTA建立得比较晚，是建立在中国—东盟FTA基础之上的，与中国—东盟FTA相比，其产生的贸易促进效应较低。

（3）中—新自贸协定的签署并未能消除金融危机对两国贸易关系的负面影响，金融危机致使2008年后两国贸易额减少。但自贸协定着实减弱了金融危机的影响，并且缩短了金融危机影响两国贸易的时间，这从2010年后两国贸易的出色表现可见一斑。

（4）从新加坡的"均势外交"来说，新加坡在与中国签订CSFTA之前，已经与日本、美国等大国签订了双边自由贸易协定，密切了新加坡与这些国家的关系，但随之而来的就是对本国安全的担忧，乃至对整个东南亚秩序的担忧。强化与中国的外交关系，与中国签订了CSFTA，这主要是从用中国来抵制美国在新加坡政治、军事等方面的影响力的方面来考虑的。

（二）美国与新加坡的贸易合作

新—美双边自由贸易协定的签订并非偶然，这是新加坡重视外交战略、积极发展双边自由贸易外交的重要成果。在新加坡建国之初，其主要的外交任务之一就是发展与美国的关系。新加坡与美国签订双边自由贸易协定，不仅是为了加强与美国的经济联系，借助与美国的双边自由贸易协定进入北美自由贸易区，同时也考虑到美国在东南亚的军事实力。

2003年5月，新加坡同美国签署双边自贸协定。内容涉及金融服务、电信、电子商务、投资、竞争、政府采购、知识产权保护、透明度、劳工、环境、争端解决机制等内容，覆盖面极其广泛，对提升双方经济关系效果显著。新—美自由贸易协定自2004年初生效以来，双边贸易激增了34%。2007年，新加坡是美国第9大出口市场，比2003年的第11位晋升两级。自从自贸协定生效之后，新美双边投资就持续强劲增长。自贸协定进一步加强了新加坡作为美国投资目的地的吸引力。到2009年，美新双向货物贸易共计达370亿美元，比2003年增长17%。新加坡对美国商品出口额为216亿美元，比2003年增长31%，进口美国货物154亿美元，相对2003年增长2%。[26]

1. 美新签订自贸协定的动因和作用分析

相对于单纯经济意义中新自贸协议，美新自贸协议的政治意义则更为突出。从新加坡角度而言：

（1）从政治层面，中国在东亚一家独大，需要美国进行牵制。新加坡表示，该协议的重要意义在于，缺少美国的东亚区域合作将"逐渐被一个国家主导"，"减少本地区其他国家的呼吸空间"。通过自贸协定，能够在政治上加强与美国的安全战略合作关系。由于双方具有基本相同价值观，新加坡向来倚重美国的力量，新美双方在许多战略课题也有着不少共同的看法和利益。新—美自由贸易协定将进一步加强新加坡与美国之间的安全战略合作关系。

（2）从经济角度，对于新加坡而言，其获得了一个拥有近3亿人口、人均收入达到3.6万美元的美国大市场，同时双方经济联系进一步加强。协定生效后第一年，美国对新加坡出口较前增加18%，与美国对法国出口相当，新加坡成为美国第5大贸易顺差国。新加坡对美出口增幅虽仅为1.3%，但作为其经济增长关键领域的制造业出口却增加了6.4%，结束了连续三年下滑的局面。同时可以加强新加坡作为该地区货物和服务中心地位，新加坡对该地区辐射作用的加强。

对美国而言：

（1）美—新自由贸易协定是美国与亚洲国家签订的第一个自由贸易协议，不仅可以加强美国与新加坡"密切而繁荣"的经贸关系，更可以促进美国与其他东盟国家的自由贸易谈判，自贸协议使一些美国企业进一步扎根新加坡。新加坡是东盟的成员，许多美国企业利用新加坡作为进入东南亚市场的桥梁，加深了美国与该地区的一体化。

（2）作为当时美国所承诺的范围最广泛的自由贸易协定，从经济影响方面看，它是自北美自由贸易协定签订以来最大的一个自由贸易协定，其涉及问题的广泛性及承诺的程度都是开创性的，为正在进行谈判的自由贸易协定定下了标准。

（3）政治层面，显然有利于美国重返东南亚。

（4）新—美自由贸易协定的最终签订并得到批准的时间是2003年8月，而这时的国际环境较之过去远为复杂，美国一意孤行攻打伊拉克，在国际上引起一片批评，甚至美国在北约主要的盟国德国和法国也均指责美国。而伊拉克战争迟迟不能结束的局势，加上美国前线士兵伤亡人数的上升，美国国内的反战思潮也日益显现，使得美国面临着巨大的国际国内压力。而此时批准与新加坡的自由贸易协定，积极发展两国经济贸易往来，通过经济来加强两国的政治联系，无疑可以缓解美国的尴尬局面，转移国际和国内的眼球。

2. 美新贸易发展趋势分析

表 3-14　美国对新加坡进出口贸易总额（百万美元）[27]

	出口	进口	顺逆差
1998	15 693.70	18 355.80	− 2 662.10
1999	16 247.30	18 191.30	− 1 944.00
2000	17 806.30	19 178.30	1 371.00
2001	17 651.80	15 000.00	2 651.80
2002	16 217.80	14 802.30	1 415.50
2003	16 560.20	15 137.70	1 422.40
2004	19 397.40	15 370.40	4 027.00
2005	20 466.10	15 110.10	5 356.00
2006	23 825.50	17 768.10	6 057.50
2007	25 618.60	18 393.70	7 224.90
2008	27 853.60	15 884.90	11 968.70
2009	22 231.80	15 704.90	6 526.90
2010	29 008.60	17 427.60	11 581.00
2011	31 221.10	19 115.90	12 105.20
2012	30 525.20	20 231.90	10 293.40
2013	30 723.90	17 827.60	12 896.20

从图 3-8 可以看出，1998—2004 年新加坡与美国的进出口贸易额变化较小，2004 年美—新自贸协定生效后，双方贸易进出口额都显著增长。可见美—新自贸协定对双方贸易有一定的刺激作用。两国的经济贸易量陡然增加，仅从美国方面看，美国在 2008 年对新加坡的出口量较 2000 年增加了近 63%，进口增加了近 124%。FTA 的签订给双方的经济带来巨大裨益，实现了共赢。

2006 年后新加坡对美国的进口贸易额继续增长，但出口额有所回退。2008 年金融危机后，双方贸易额继续下降，且对美国对新加坡出口影响更大（大于进口）。2010 年后有所上升，之后逐渐趋于稳定。

图 3-8 的数据显示，新加坡对美国的进口贸易额大于其出口贸易额。可见，相对于中新双方相互依赖的贸易关系，新加坡对美国市场存在一定程度的单方面的依赖性。所以，美国的贸易需求变化对新加坡贸易产生了较大影响。

图 3-8　1998—2013 年美国对新加坡进出口贸易额变化情况 [28]（单位：百万美元）

3. 美新投资经贸关系分析

根据表 3-15，从具体的行业看，美国对新加坡制造业的直接投资偏向计算机与电子产品，1999—2004 年，该行业的投资额均在制造业总投资额的 60% 以上。其次，运输设备业也是美国对新加坡投资的重要制造业。

表 3-15　1999—2004 年美对新加坡制造业的直接投资情况 [29]（单位：百万美元）

年份	制造业总产量	食品	化学	冶金	机械	计算机与电子产品	电气设备及零部件	运输设备
1999	10192	—	768	108	327	7042	124	396
2000	13975	10	554	227	265	10515	129	568
2001	17734	11	907	269	490	13527	155	726
2002	13056	10	650	25	509	8986	202	882
2003	13289	12	985	67	612	8385	216	1241
2004	14435	14	1316	82	681	8804	288	1469

（三）新加坡与中美的贸易合作分析

（1）中国与新加坡双边产业内贸易中，机电设备与部件的贸易表现为产业内贸易。在 HS 编码中，计算机与电子产品归入此类别。直观上看，美国的直接投资是促进中国与新加坡该类产品产业内贸易发展的一个因素。也就是说，在计算机与电子产品制造业中，美国在中国和新加坡的子公司都被纳入了母公司全球生产布局中，目的是为了实现母公司的全球战略。而公司内贸易（公司内贸易是指跨国公司母公司与子公司之间、子公司与子公司之间的进出口交易行为）则是跨国公司在其内部实现资源有效配置的手段。在国际贸易中，公司内贸易的增加往往会促进参与国双边产业内贸易的发展。

（2）美国跨国公司把除了研发以外的生产环节分解到世界各地的子公司进行，最后从子公司进口最终产品，满足美国市场的需求。同时，各地子公司生产零部件等中间产品或半成品，最后由母公司组装后出口到其他国家或地区。对于中间产品（比如半导体及其他电子部件），由于外部市场的不完全性，为了规避外部市场交易的风险，跨国公司往往通过内部交易的方式，实现中间品在公司内部的调拨。因为美国对中国、新加坡的计算机及电子产品制造业的直接投资额都很高，所以中国和新加坡之间此类产品的交易有一部分是美国跨国公司的内部贸易导致的。从表3-11和表3-12中也可以发现，中国和新加坡之间进口和出口的前十类商品大部分属于计算机及电子产品制造业所需的中间产品。

（3）通过分析新加坡与中国及美国间的贸易关系，可以看出，中国和新加坡要素禀赋存在差异，双边产业内贸易以垂直型产业内贸易为主。[30]美国、中国、新加坡分别属于不同的经济发展层次上：美国是发达国家，新加坡是新兴工业化国家，中国是发展中国家，所以在国际直接投资的"垂直专业化"分工模式中，美国处于高端，新加坡处于中端，中国则处于相对低端。

（4）实际上，新加坡和中国的外向型经济都占据很大比例，较多依赖出口，外贸依存度很高，中国达到60%以上，新加坡43.3%，这决定了两国经济上的脆弱性，而美国对外贸易依存度小于上述两个国家。相反，它联系着整个美洲以及欧洲市场，在贸易、投资、科技研发等方面对世界都具有强大的影响力。实际上，美国只有25%，甚至不足15%的就业和产业增殖受到国际竞争的影响，只有12%—13%的GDP与国际贸易有关，美国繁荣的原因在于国内。

五、总　　结

通过对东盟内部自贸协议以及新加坡与美国和中国签署的自贸协议对双边经贸关系的作用，我们可以得出以下结论：

（1）双边贸易协定相对于区域贸易协定具有更大的灵活性和优势，因此新加坡积极推动区域外多边自贸协议的原因有：

第一，双边自由贸易外交当事方较少，而区域性的自由贸易协定牵涉多个国家，由于成员各方的利益关系复杂，很难在短时期内达成各方都满意的协定或者共识，例如，许多地区性自由贸易组织乃至WTO的某些环节进展缓慢。双边自由贸易外交与此不同，它只涉及两方的利益，为了达到共赢的目的，谈判的双方都自动自愿地去寻找双方的共同点，而不是扩大双方的分歧，这方面最明显的例子就是中国与东盟的关系。中国与东盟建立自由贸易区的时间是2020年，而目前中国与新加坡的双边自由贸易协定已经签署。

第二，双边的自由贸易协定有利于不同国情的国家开展经济往来。一般来说，区域内的自由贸易是建立在经济水平相差不大而且地域相邻的前提下。由于各国受经济全球化的影响，使得国家与国家之间的经济联系日益紧密，各国之间的交流也日益频繁，在这种基础上再建立自由贸易区。但双边自由贸易不同，只要两国具有共同的利益基础，不论经济水平、地理位置、政治制度、宗教信仰、民族成分都可以达成协议。

第三，双边的自由贸易外交更容易达到多重的外交目的。当今世界，由于全球化的发展，政府组织和非政府组织的飞速发展，导致各国的经济、政治交织在一起，很难划分清晰的界限。双边自由贸易外交通过加强国家的经济交流，从而强化国家间的政治联系。[31]

（2）签署双边自贸协议的前提和动因：

第一，双方贸易存在互补性和替代性。而相比之下区域内多边自贸协定则更多建立在经济政治发展水平相似的基础上。例如，中国和新加坡的双边贸易协定是建立在双方的经济发展水平处于不同层次的基础上，两者总体上处于一种互补态势，新加坡同中国合建FTA则属于发达国家同发展中国家合作的范畴。中国是世界上最大的发展中国家，而新加坡则是最小的发达国家之一。新加坡富有、资金充裕，但是缺少劳动力和资源要素，相比之下，中国富裕程度相当低，但是拥有丰富而廉价的劳动力，也有土地和资源。这种互补性还体现在经济结构方面，新加坡已经基本走完了工业化发展途径，产业结构基本实现了由劳动密集型向资本和技术密集型的转变。

第二，双方政治上存在一定程度的互信。

第三，双方政治上存在需要，政治对经济层面存在作用力。新加坡对美国具有一定的政治和军事方面的依赖。

第四，区域经济一体化的推动。

第二节　印度尼西亚经济与贸易报告

本报告主要聚焦于印度尼西亚——东南亚的地区性大国和重要的新兴市场国家，

通过研究其近几年的经济表现和贸易水平，特别是关注印尼与其他国家间签订的区域性自由贸易协定，希望能够对如下一些问题做出数据性的客观阐述，即第一，研究自由贸易协定在国际贸易中的真正作用；第二，研究印尼在东盟内部贸易中真正的地位；第三，研究两国贸易真正驱动力。并通过对这些问题的研究，总体把握印尼国家的经济与贸易情况，同时通过印尼作的案例得到一些新兴市场国家的总体经济和贸易规律。

一、印度尼西亚经济概况

印度尼西亚共和国，简称印尼，为东南亚地区性大国。其国土由 17 058 个岛屿组成，故别称"千岛之国"，人口 2.47 亿（2011 年，见图 3-9），为东南亚人口最多的国家，其人口规模占据东盟（ASEAN）人口总量的接近一半。印度尼西亚是 WTO、ASEAN 和 G20 成员，并跻身于高盛集团于 2006 年提出的"新钻 11 国（N-11）"概念列表中，其经济被国际社会视为下一批充满潜力的新兴市场国家（Emerging Market）。按照国际汇率计算，印度尼西亚为世界第 16 大经济体，以购买力平价计算则为世界 15 大经济体。

1947 年，在其"国父"苏加诺的武装领导下，印度尼西亚独立并建立了共和国，结束了 350 年的荷兰殖民和日本帝国占领时期。但是在 1997 年之前，这个国家一直受到军事独裁统治，政治上实行专制，经济上并无自由市场。1998 年，因为亚洲金融风暴的席卷，印尼人民对独裁者苏哈托的"新秩序"改革严重不满，致使苏哈托下台，1999 年，印尼实行了民主大选，进入了新的政治时期。

（一）印度尼西亚人口及劳动力概况

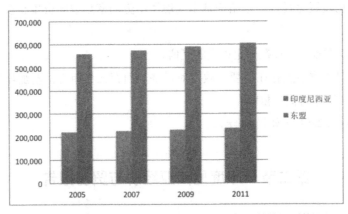

图 3-9　印度尼西亚人口及在东盟所占比例（单位：千人）

印度尼西亚拥有巨大的人口数量，总人口约为2.47亿（2012年）。巨大的人口基数是一个国家成为经济大国最先决的条件，一般来讲，人口代表着生产力，高素质的人口代表着高水平的生产力。世界上先后产生的工业国家，其工业化无一例外都开始于劳动密集型的低端产业，因为这类产业对于劳动力本身的素质要求低，只需要为数众多的初级劳动者就可以产生规模化的产业效应。早期工业化国家如英国，后来者如日本，其至20世纪下叶的中国，无一不是从劳动密集型产业开始其工业化进程。印尼作为一个在二战后民族独立运动中脱胎，20世纪末才进入民主化进程的发展中国家，其国家工业同样遵循着产业升级的经济规律。当代的印尼，是一个以低端制造业为核心、以农渔业为基础的后发工业化的国家。巨大的人口基数带给印尼蓬勃的生产力，虽然这种生产力因为其人口素质并不高而暂时只能表现为初级劳动生产力。

人口红利的观点认为，人口给经济带来的红利不仅有基数上的，更有质量上的。除了受教育程度显著影响人口所产生的生产力之外，人口年龄结构同样对本国经济发展带来巨大影响。21世纪的中国社会已经缓缓步入老龄化，人口红利在带来30年经济高速增长后已逐渐被大量消耗。但是在印尼，这样的问题还远未发生，数据显示，印尼人口中55岁以上老龄人口比例不到1%（见图3-10），65岁（国际公认的老龄人口线）以上的人口比例更是不到5%，大多数的人口年龄段集中在19—55岁（超过一半人口），特别是19—30岁，这就带来了巨大的青壮年劳动力的人口红利。与此相比较的是被长期视为世界工厂的中国，2013年的老龄人口比例为9.7%。依靠这一年龄结构带来的人口红利，我们有理由相信，至少在需要大量青壮年劳动力的劳动密集型产业，印尼的发展潜力和动力是十分巨大的。

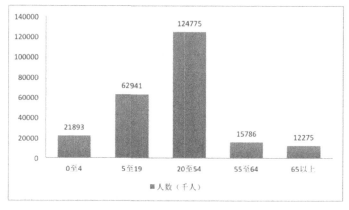

图3-10　印度尼西亚人口年龄分布图（2011年）

（二）印度尼西亚宏观经济概况

印度尼西亚是东南亚国家联盟中的主要国家，在东盟经济中占据着十分重要的地位。2012 年，印度尼西亚全年 GDP 达到 8 782 亿美元（国际汇率），同比增长 5.7%。其 GDP 总量占到东盟总 GDP 的约 2/5（见图 3-11）。因其人口在东盟总人口中同样占到 2/5 左右，所以其人均 GDP 与东盟平均值几乎吻合，2012 年其人均 GDP 为 3 587 美元（见图 3-12），属于典型的发展中国家。在这个意义上来说，研究印尼的经济和贸易情况，对研究同样产业结构同样人口结构的东盟经济，是一个难得的典型性样本。

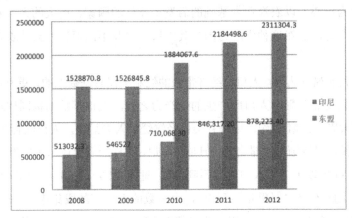

图 3-11　年度 GDP 总额（时价美元，百万）

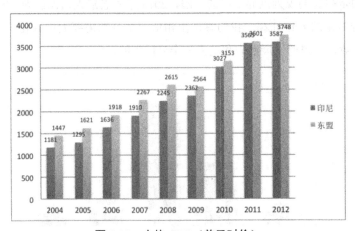

图 3-12　人均 GDP（美元时价）

进入 21 世纪后，印尼经济一直保持较为稳定和高速的发展。其 GDP 增速常年保持在 5%—6%，甚至在 2008 年金融危机后，其 2009 年的 GDP 增速依然保持着

4.5% 的水平，与此相比，东盟的平均 GDP 增速在当年跌到了 1.7%，几乎是停滞的一年（见图 3-13）。

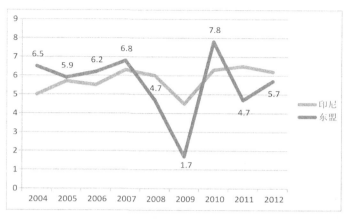

图 3-13　GDP 年增长率（%）

相比较其高速的经济增长，印尼的失业率是一个值得关注的指标（见图 3-14）。2004 年以后的数据显示，印尼社会失业率一直居高不下。2004 年，印尼男性失业率达到 10.5%，女性则是 16.8%。虽然失业率逐年下降，但是在 2011 年，印尼失业率依然很高，男性为 5.9%，女性为 7.8%。这一数字虽然已经远好于 2004 年，但是依然超过国际公认的失业率警戒线。而令人担忧的是，真正严重的问题事实上并非这一组数据。2004 年，印尼人口中 15—24 岁的青年人口失业率为男性 28.6%，女性 35.6%，这意味着该国超过 1/3 的女性青年和 1/4 的男性青年处于无业状态。随着就业率整体的上升，2011 年该国 15—24 岁的失业率已经降至男性 20% 和女性 23%，然而问题依然存在。在一个社会中，青年人口是最核心的劳动力，同样是最为激进、最为不稳定的因素，如果这些人口大量流失到街头巷尾成为无业人员，这个社会的稳定性必然受到损害，大量的失业造成年轻人对社会结构的不满，不能不说这是印尼社会的最大隐患。联系到印尼独立后历史上的历次影响巨大的骚乱事件，这对印尼的国家形象和外国资本的投资进入显然是一个负面的因素。

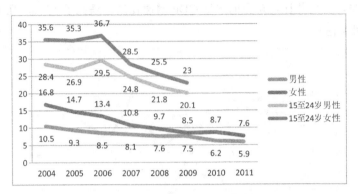

图 3-14 2004—2011 年印尼失业率（%）

产业分布方面，印尼和东盟大多数国家一样，是一个后发的正在经历工业化的国家。长达数百年的农业社会的影响还未消退，全球化浪潮就席卷了印尼。现在的印尼是 WTO、G20 成员，又是东盟重要领导力量，全球化程度颇高，无论情愿与否，其在全球产业链中的位置，也已被确定了下来。在以产值衡量的国内产业分布中，农业占比为 12.7%（见图 3-15），而且其比例逐年下降，这在新兴市场国家中是一个普遍现象，工业化占用了农业用地，农业技术上升带来技术的进步使得农业所需的劳动力大幅下降。在印尼，可耕种土地的比例为国土面积的 11%，这个数字在东盟横向比较是一个较低的水准，而与中国相对接近。印尼的农业是其出口商品中最为重要的项目之一，主要出口为棕榈油和生胶，主要出口目的地除了东盟内部国家以外，依次为欧盟、中国和美国。

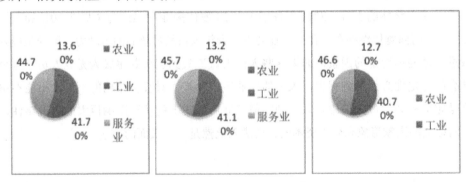

图 3-15 2009—2011 年 GDP 产业分布（2010）

印尼的工业在 GDP 中占比很高，达到 40.7%（2011 年），而与农业一样，其工业份额也在逐年下降，这说明印尼已经开始慢慢的转移其产业布局，开始了缓慢的产业升级。但是在可预见的时期内，其进出口贸易的最重要的项目依然将是制造业产品，在 2011 年，其制成品出口额占到了总出口额的 65.5%，是毫无疑问的支柱产业。印尼的工业产品和东盟其他成员一样，以低端制造业为主，包括基础金属冶炼、摩托车、动植物油、纺织品、化工制成品等。印尼的劳动力结构决定了其制造业产业结构，而在未来的长远发展中，印尼势必也将升级其产业，在全球产业链中争取利润值更高的位置。

服务业在印尼的产业结构中占到了最大的比重，达到了 46.6%（2011 年），而这一比重也在逐年上涨。印尼的服务业吸纳了最大的就业人口，是解决印尼就业问题的主要突破口。

印尼的政府财政预算在过去七年间一直处于赤字状态，2009 年其财政赤字占GDP 的 1.58%，为近几年的峰值，然而国际赤字红线为 3%，这一赤字水平仍然在可以接受的范围内（见图 3-16）。

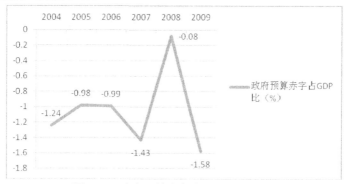

图 3-16　政府预算赤字占 GDP 比（%）

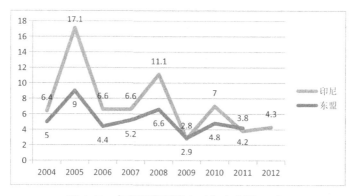

图 3-17　年度通货膨胀率（年末水平，%）

印尼在 2005 年经历了 17.1% 的高通胀，此后逐年下降。2012 年，印尼的通货膨胀率为 4.3%（见图 3-17），基本进入了可控的范围。然而，2013 年，受到汇率大幅贬值影响，印尼的通胀率飙升到了 8.79%，而在可预见的未来，由于贬值的持续，印尼通胀情况会更为严重。联系到印尼人口贫困率水平，购买力的大幅下降可能导致印尼社会或多或少的不稳定，这将是影响印尼经济持续高速发展的一个隐患。

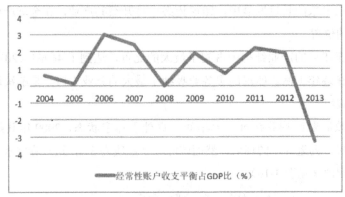

图 3-18　经常性账户收支平衡占 GDP 比（%）

同样受到货币贬值的影响，2013 年，印尼的经常性账户收支平衡首次出现了赤字，达到了 GDP 占比的 3.27%（见图 3-18）。2013 第二季度印尼经常账户赤字高达 98 亿美元，占 GDP 的 4.4%，引发外国投资者的担忧，巨额经常账户赤字增加了印尼经济对外资的依赖，其货币印尼盾大幅贬值，摩根斯坦利投行将印尼列入脆弱五国，但去年第四季度经常账户赤字缩小，表明印尼经济恢复至可持续发展水平。然而与通胀影响不同，印尼的经常账户收支情况在进入 2013 年第四季度时就已开始有所好转，根据印尼央行公布的 2013 第四季度印尼经常账户赤字数据，赤字已下降至 40 亿美元，仅占国内生产总值的 1.98%，远好于美国高盛此前预测的 3.3%，2013 年印尼经常账户赤字共 284 亿美元。2013 年第四季度以后的良好经济表现也许将帮助印尼尽快脱离脆弱五国（巴西、印尼、印度、土耳其、南非）之列。印尼央行认为，经常账户赤字缩小主要由于出口增势强劲、贸易逆差降低，2013 年 12 月印尼实现贸易顺差 15 亿美元，为 2 年来最高水平，目前印尼是 2014 年脆弱五国中唯一未提高基准利率的国家，印尼盾也成为本轮新兴经济资本外逃潮流中较为坚挺的货币。

印度尼西亚于海外工作的劳工约 600 万人，其中以在马来西亚及沙特阿拉伯最多，分别有 220 万及 150 万人，海外劳工于 2010 年汇款约 70 亿美元回印度尼西亚。部分城市如雅加达、泗水、万隆等大都市，建设完善。印度尼西亚都市十分先进，许多国际品牌商到印度尼西亚设厂与开设精品店，也有许多国际知名百货公司（如 SOGO、屈臣氏、家乐福等），但国家仍存在政府机关贪污、国土过大导致贫富差距与基础建设低劣等问题。

二、印尼总体贸易情况分析（重点聚焦东盟）

东南亚国家联盟的前身是由马来西亚、菲律宾和泰国3国于1961年7月31日在曼谷成立的东南亚联盟。1967年8月7—8日，印度尼西亚、新加坡、泰国、菲律宾4国外长和马来西亚副总理在泰国首都曼谷举行会议，发表了《东南亚国家联盟成立宣言》，即《曼谷宣言》，正式宣告东南亚国家联盟（简称东盟，Association of Southeast Asian Nations）的成立。东盟成为东南亚地区以经济合作为基础的政治、经济、安全一体化合作组织，并建立起一系列合作机制。东盟的宗旨和目标是本着平等与合作精神，共同促进本地区的经济增长、社会进步和文化发展，为建立一个繁荣、和平的东南亚国家共同体奠定基础，以促进本地区的和平与稳定。

为了早日实现东盟内部的经济一体化，东盟自由贸易区于2002年1月1日正式启动。

自由贸易区的目标是实现区域内贸易的零关税。文莱、印度尼西亚、马来西亚、菲律宾、新加坡和泰国6国已于2002年将绝大多数产品的关税降至0%－5%。越南、老挝、缅甸和柬埔寨4国于2015年实现这一目标。

（一）贸易额及增长情况

印度尼西亚是东盟的创始国之一，同样也是东盟内部人口、国土面积和经济体量最大的国家。印尼一贯重视以东盟为平台发展对外贸易，东盟内国际贸易长期成为印尼外贸最大的进出口来源地和目的地。

2012年，印尼的对外贸易总额达到了3 817亿美元（国际汇率），比2004年水平增长了3倍（见图3-19）。然而，受到货币贬值经济震荡的影响，2012年印尼的进出口贸易额相比较2011年停滞不前，而进入2013年，则开始了下跌过程，这一现象在2014年预计将得到好转，而在未来的远景预期中，印尼的进出口重新呈现增长状态的可能依然很大。在进入21世纪后，依托国内的制造业发展和劳动力优势，印尼成为了一个加工出口导向型国家，其贸易额占GDP总额的一半以上（见图3-20），这一水准虽然远低于新加坡这类纯贸易国家（占GDP总额超过250%），但也略高于东盟的平均水平。其中，东盟内部贸易额在近十年中一直占据印尼外贸总额的25%左右，是印尼外贸份额中占比最大的部分。然而，将这一数据与欧盟进行横向比较时会发现，相比较欧盟63%（2012年）的内部贸易额，东盟总体20%左右的内部贸易额显然显得较为薄弱。欧盟作为世界上最为成熟、体量最大和一体化程度最高的地区性一体化组织，可以说是区域一体化的标杆。较欧盟成立时间稍晚的东盟在一体化进程的道路上，依然有十分遥远的距离需要追赶。

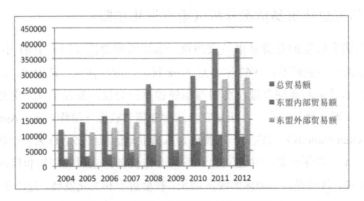

图 3-19　印尼对外贸易额（百万美元）

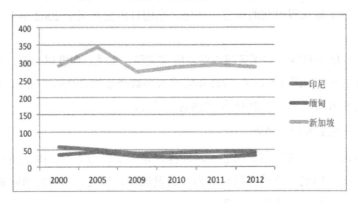

图 3-20　2000—2012 年印尼、缅甸、新加坡三国贸易额占 GDP 比（%）

　　印尼在 2012 年的全年进口额为 1 774 亿美元（见图 3-21），其中自东盟内部进口为 572 亿美元（见图 3-22）；全年出口额为 2 035 亿美元，其中东盟内部出口为 421 亿美元。从图 3-23，可以看到，除了 2009 年因遭受金融危机的影响，印尼贸易增长与东盟其他国家一样跌入谷底，呈现了一年的负增长，而到了 2010 年后，其贸易水平迅速回到了原本的正增长水平，2011 年，印尼的贸易总额增长率为 29.82%。在图 3-19 上我们还可以看到，在 2002 年东盟自贸区成立后，东盟内部贸易额的增长与东盟外部贸易额增长间，事实上并无太过显著的区别，除了 2010 年两者产生了约 20% 的差距之外，其余年份的贸易增长率差距最多仅为 10%。联系到印尼在东盟内部的重要地位以及东盟内部关税在 90% 以上的商品项目上都已实现 0%—5% 关税的情况，印尼在东盟内外部贸易增长的趋同可以视为东盟一体化程度不高的显著证据。

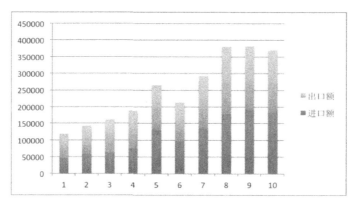

图 3-21　2012 年印尼进出口额（百万美元）

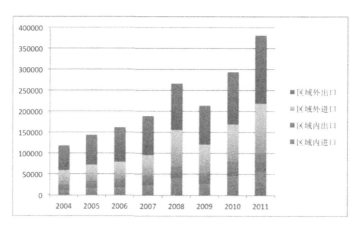

图 3-22　2004—2011 年印尼进出口区域份额图（百万美元）

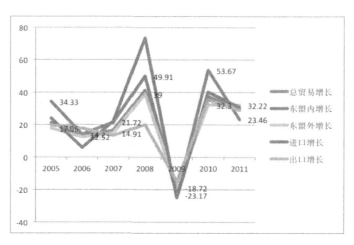

图 3-23　2005—2011 年印尼贸易增长情况（%）

　　贸易平衡方面，印尼在很长一段时间内都保持着贸易顺差，即出口额大于进口额，仅在 2012 年产生了 16 亿美元的小额贸易逆差（见图 3-24）。这一贸易顺差成绩略低于东盟内贸易顺差最大的马来西亚，远强于另一制造业和进出口大国泰国。而 2013 年 3 月，印尼官方公布了当月贸易平衡数据，在经历半年的贸易逆差情况后，印尼贸易首次出现月度贸易顺差。然而全年来看，印尼在 2013 年依然存在着 41 亿美元的逆差。这一逆差水平在 2014 年预计将得到扭转，而在对远景的预期中，印尼外贸保持顺差的可能性仍然被看好。

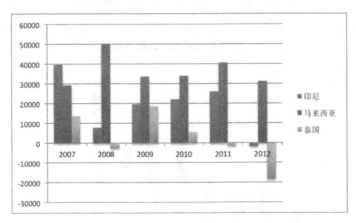

图 3-24　2007—2012 年印尼、马来西亚、泰国贸易顺差比较（百万美元）

　　贸易顺差对一个国家的资本积累和财政健康状况具有较大助益，但是将视野投向印尼所在的东盟时，可以看到在东盟内部，印尼同样保持着对其他九个东盟国家的贸易顺差。2011 年，印尼在东盟内部的贸易顺差约 50 亿美元，而在近几年也仅仅 2005 年有小额的贸易逆差，这一组数据显示出了一些隐忧。在欧盟，德国作为经济体量和发展水平最高的国家，因其制造业的巨大优势长期向欧盟其他国家保持贸易顺差，这一现象使得其他国家只得通过国际借贷来弥补逆差带来的财政赤字，长期积累的结果成为了欧洲主权债务危机爆发的主要原因之一。在北美自由贸易区（NAFTA），作为北美三国中无疑的第一大国，美国在其中扮演的是一个消费者的角色，大量吸纳了来自墨西哥和加拿大的制成品和能源资源，这一角色分配造就了 NAFTA 的健康运行，而 NAFTA 也成为了全球自贸区的典范。

　　反观东盟，这一自由贸易区相比上述两大区域经济组织有其特殊性。首先，相比欧盟，东盟国家间产业结构趋同性更为显著，而不像欧盟一样具有制造业技术（德国）、农业供给（南欧）和劳动力（东南欧）的清晰分工，东盟各国无论是创始国的印尼、马来西亚等，还是后五国（越南、柬埔寨等），大多属于以农业为基础劳动密集型产业为核心的国家经济结构，其优势同样都集中于劳动力价格、资源环境等，这样的一组国家同时存在于一个区域经济组织中，更像是一个竞争性机制而非合作性机制。其次，在生产和消费层面，NAFTA 有其清晰的分工，美国提供消费市场、墨西哥提供劳动力和制成品生产、加拿大提供生产和消费所需的各类资源和能源，这一经济组织中的驱动国——美国主要承担了消费的任务。而在东盟框架内，怀有领导雄心和潜力的印尼恰恰扮演的同样是一个生产国的角色。它既不像德国在欧盟中对其他国家至少有产业上的互补，更无法扮演 NAFTA 中美国作为消费者的角色。这一分析显示，印尼在东盟中处在一个十分尴尬的位置，这同样对东盟一体化的可行性提出了结构性的疑问。

（二）贸易结构及对象分析

2012 年，印尼在东盟进出口总额中所占比例为 16%，位列新加坡、泰国、马来西亚之后，为东盟第 4 大贸易国（见图 3-25）。在印尼的贸易伙伴中，最大的出口目标国依次为日本、欧盟、中国和美国；最大的进口来源国依次为中国、日本、欧盟和韩国。在下文中，将着重分析中国和印尼的贸易情况。

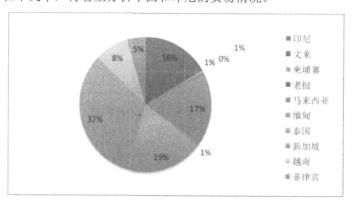

图 3-25　2012 年东盟总贸易份额的国家构成（%）

主要贸易对象数据分析：据印度尼西亚国家统计局统计，2013 年印尼货物进出口额为 3 691.8 亿美元，比 2012 年下降 3.3%。其中，出口 1 825.5 亿美元，下降 3.9%；进口 1 866.3 亿美元，下降 2.6 %。贸易逆差 40.8 亿美元，增长 1.5 倍。

从国别（地区）看（见图 3-26），2013 年印尼对其主要贸易伙伴出口除对中国、美国和印度仍保持少量增长，增幅依次为 4.4%、5.5% 和 4.3% 外，对日本、新加坡和韩国均出现下降。其中印尼对日本出口的降幅为 10.1%、新加坡为 2.6%、韩国为

24.1%。上述六国合占印尼出口贸易总额的58.3%；其中以日本所占市场的份额最大，为14.8%、中国为12.4%、新加坡为9.1%、美国为8.6%、印度为7.1%、韩国为6.3%。印尼自中国、新加坡、日本、马来西亚、韩国和泰国的进口额分别占其进口总额（见图3-27）的16.0%、13.7%、10.3%，7.1%、6.2%和5.7%，合计为59.1%；增减幅依次为1.6%、－1.9%、－15.3%、8.8%、－3.2%和－6.4%。2013年印尼前6大逆差来源国依次为新加坡、中国、沙特、泰国、马来西亚和尼日利亚，分别为89.0亿美元、72.5亿美元、47.9亿美元、46.4亿美元、26.6亿美元和25.6亿美元，增减幅依次为－0.6%、－6.2%、40.0%、－3.4%、175.7%和8.8%。顺差则主要来自印度、日本、美国、荷兰和菲律宾，分别为90.7亿美元、78.0亿美元、66.3亿美元、30.7亿美元、30.4亿美元（见图3-28）。

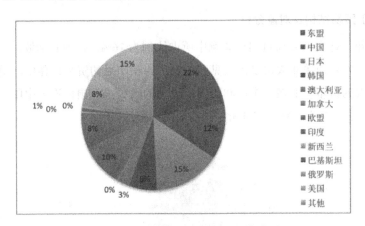

图 3-26 2013 年印尼出口对象份额构成（%）

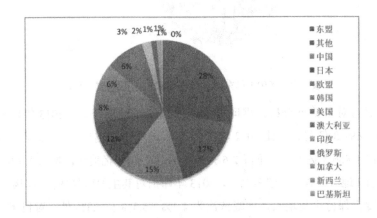

图 3-27 2013 年印尼进口对象份额构成（%）

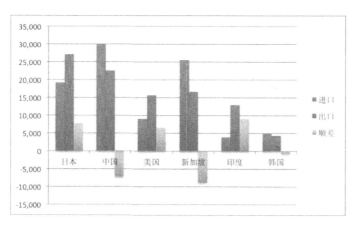

图 3-28　2013 年印尼与主要国家之间进出口额（百万美元）

如图 3-29 所示，2013 年印尼主要出口商品有矿物燃料、动植物油、机电产品、橡胶及制品、矿产品等。2013 年上述五大类商品的出口额达 1 030.2 亿美元，合占印出口总额的 56.4%；其他主要出口商品还有机械设备、运输设备、纸张、纺织品、鞋类制品和木制品等。如图 3-30 所示，矿物燃料、机械设备、机电产品、钢材、运输设备是印度尼西亚进口的五大类商品。2013 这五类商品的进口额分别为 455.5 亿美元、272.9 亿美元、182.0 亿美元、95.5 亿美元和 79.2 亿美元，合占印尼进口总额的58.1%。同期，上述五大类商品除矿物燃料进口仍保持增长，增幅为 6.5% 外，其他四大类商品进口均出现下降，按进口金额顺序排列依次为，机械设备为－ 4.0%、机电产品为－ 3.7%、钢材为－ 5.8%、运输设备为－ 18.9%。印尼其他主要进口商品还有有机化学品、塑料制品、航天器材、钢铁、粮食、肥料、橡胶制品、棉花和无机化学品等。

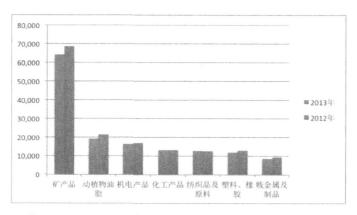

图 3-29　2012—2013 年印尼出口主要商品结构（百万美元）

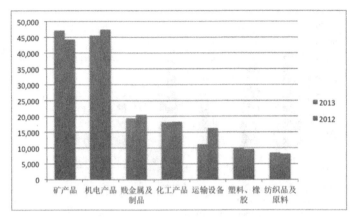

图 3-30　2012—2013 年印尼进口主要商品结构（百万美元）

　　在对于进出口贸易情况的结构和国别份额的研究中，可以发现这样一个现象，即印尼主要贸易伙伴国都与印尼签署了自由贸易协定。由于印尼对外的自由贸易协定签署主要依托东盟平台，所以东盟与其他国家的自由贸易协定同时也是印尼与其他国家自由贸易的保证。如 2009 年 1 月 1 日启动的东盟—澳新自贸协定、2007 年 7 月 1 日启动的中国—东盟自贸协定、2008 年 12 月 1 日启动的日本—东盟自贸协定和 2010 年 1 月 1 日启动的韩国—东盟自贸协定。而印尼排名前 10 的贸易伙伴几乎覆盖了全部已经启动的自贸协定。

　　将"印尼与这些国家签署自贸协定"和"这些国家是印尼最大的贸易伙伴，且占比极高"这两个事件加以比较的时候，很容易产生一种感觉，即自贸协定的积极作用在印尼的对外贸易上表现无遗，自贸协定的存在促成了印尼大多数的对外贸易。但当查阅相关数据时，就会发现这一感性的论断事实上并不成立。以中国与东盟的进出口增长率数据为例（见图 3-31），2007 年两大经济体的自贸协定签署，而在贸易额增长率上，这一自贸协定的作用并未体现。即当两大经济体间的关税已经降低到一定程度的情况下，其贸易增长额依旧呈现正常的数值，而非出现爆炸式的增加。同时，自贸协定的签署也没有抵抗住随后而来的 2008 金融危机，而出现了负增长。分析这一现象，可以得出两个结论：第一，自贸协定与双边贸易繁荣并无逻辑上的必然因果关系，并非签署了自贸协定就一定导致双边贸易繁荣；第二，自贸协定的签署很大程度上以双边贸易繁荣为基础，只有双边经济体本身贸易繁荣，才有可能签署双边自贸协定，且其签署的双边自贸协定才是有价值的。

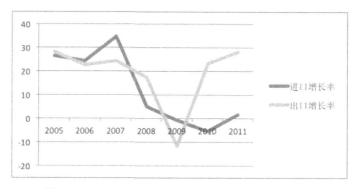

图 3-31　2005—2011 年东盟对华进出口增长率（%）

三、印尼与东盟外大国间贸易情况

前述部分主要聚焦印尼在东盟内部的贸易情况，分析其贸易额、增长率和进出口产品构成，下面将重点分析印尼与其最重要的两大贸易伙伴——中国和日本之间的双边贸易情况。

（一）对华贸易

根据 2014 年中国商务部国别贸易报告以及印度尼西亚统计局公布的数据显示，2013 年印尼对中国双边货物贸易额为 524.5 亿美元，增长 2.7%。其中，印尼对中国出口 226.0 亿美元，增长 4.4%，占印尼出口总额的 12.4%，增长 1.0 个百分点；印尼自中国进口 298.5 亿美元，增长 1.6%，占印尼进口总额的 16.0%，增长 0.7 个百分点。印尼对中国的贸易逆差为 72.5 亿美元，下降 6.2 %。

如图 3-32 所示，2013 年，印尼对中国出口最多的商品为矿物燃料、矿砂、动植物油、橡胶及制品、木浆及纸浆，上述五大类商品的出口额依次为 82.5 亿美元、36.6 亿美元、24.8 亿美元、15.5 亿美元和 11.0 亿美元，合占其对中国出口总额的 75.4%。其他对华出口商品还有有机化学品、木材、机电产品、塑料制品、铜及制品、可可及制品、水产品等。如图 3-33 所示，印尼自中国进口主要有机械设备、机电产品、钢材、贱金属及制品、有机化学品。2013 年进口的上述五类商品合计为 176.7 亿美元，占印尼自中国进口总额的 59.2%。除上述商品外，印尼自中国进口的主要商品还有塑料制品、肥料、干鲜水果、无机化学品、棉花、铝制品和音响器材制品等。

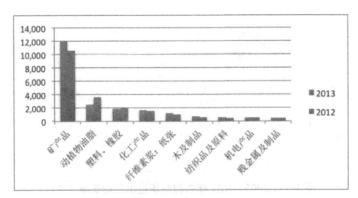

图 3-32　2012—2013 年印尼对中国出口商品结构图（百万美元）

截至 2013 年 12 月底，中国仅次于日本为印尼第 2 大出口市场和第 1 大进口来源地（见图 3-33）。在印尼 10 大类进口商品中，中国出口的机电产品、金属制品、纺织品、家具和瓷器处于较明显的优势地位。但化工品、塑料制品、光学仪器和运输设备等仍面临着来自日本、美国、法国、德国、韩国等国家的竞争。

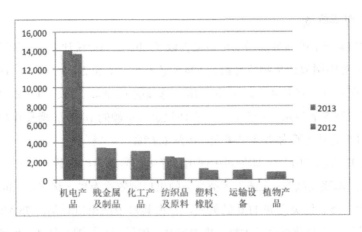

图 3-33　2012—2013 年印尼自中国进口商品结构图（百万美元）

在中国对印尼的贸易中，印尼主要出口矿物，而中国主要出口机电制品，这是中国与印尼在产业结构上的互补作用。中国作为一个制造业大国，能够提供价廉物美的机电产品，而印尼本身虽然也拥有制造业能力，但其制造业集中于农产品和矿产粗加工以及低端的机电制造业，与中国的制造业能力无法比拟。而中国经济中最为紧缺的无疑是能源与各种矿产资源，这正是印尼能够提供的商品。产业上的天然互补使得中国成为了印尼最为重要的贸易伙伴之一。

（二）对日贸易

2008 年 7 月 1 日，印尼与日本的双边贸易协定正式生效，半年后的 2008 年 12 月 1 日，东盟—日本双边贸易协定正式生效。这两份双边贸易协定，既彰显了日本在印尼对外贸易中的重要性，又巩固了日本—印尼双边贸易的水平。在两者并未签订双边贸易协定前，日本就是印尼长期的重要贸易伙伴。而在 2008 年金融危机之后，日本又迅速占领印尼市场，重新强势成为印尼的第 1 大出口目的地和第 3 大进口来源国（见图 3-34）。2013 年，印尼对日出口额为 271 亿美元，同比下跌 10%，而自日本进口额为 191 亿美元，同比下跌 15%。日本是印尼第 2 大顺差来源国，2013 年贸易顺差达到 90 亿美元。对印尼来说，日本市场至关重要。

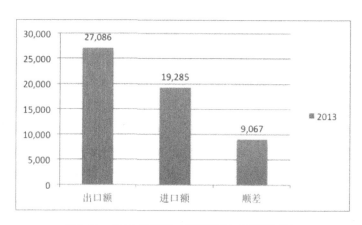

图 3-34　2013 年印尼对日贸易额（百万美元）

从商品构成来说，印尼对日本出口最多的商品是化工制品、矿产品、机电产品和纺织品及原料，以上四类商品出口额分别为 157 亿美元、152 亿美元、21 亿美元和 12 亿美元。而印尼从日本进口最多的商品则为机电产品、贱金属制品等。

与中国对印尼贸易关系类似，日本对印尼贸易关系同样遵循着产业互补的原则。因为日本对于印尼的依赖程度相较印尼对日依赖程度较高，印尼能够从中国等别的国家得到日本能够提供的产品，且在相同质量下价格更为低廉，所以印尼与日本之间产生了较为大额的贸易顺差。但是在双边贸易中，产业互补和自贸协定顺势而为这两条定律依然成立。

四、总　　结

研究印尼经贸情况，并未表示只对印尼一国的经贸情况进行阐释，而应该立足于印尼一国，从印尼的经贸情况中看到模型性的可以解释问题的一般规律，这才是研究印尼经贸关系的作用于意义所在。

印度尼西亚是一个东南亚大国，是有意领导东盟一体化的核心国家。同样印尼的社会发展水平、劳动力水平和经济发展水平也与东盟平均水平基本持平。这就带来了一个极大的便利，印尼的经济发展情况和贸易开展情况将很好的代表东盟的大多数国家的平均水平，甚至可以代表更为广大的新兴市场国家。

在报告中已经提到许多结论，此处且做一总结：

第一，自由贸易协定并不是一个万能的工具，它的签署也不能够是随意而为，只有在两国本身已经存在繁荣的贸易水平时，自贸协定的签署才能有其价值。以印尼为例，其双边贸易繁荣的对象国并非是签署贸易协定后才开始与印尼紧密合作的，而是先有了长期紧密稳定的经贸合作后，才顺势签署了自贸协定，为的是进一步降低贸易成本，简化贸易流程，使得特定的双边贸易关系能够长期稳定的发展下去。可以说自贸协定不是雪中送炭的利器，而更多的起到了保驾护航的作用。

第二，印尼在东盟中一直力图成为领导者的角色，而通过对印尼贸易的深入分析，可以发现两方面问题：一方面，印尼对东盟内部的贸易水平并不高，说明其对东盟经济大环境的依赖程度较低，这导致其稍显游离而始终无法代表或者以东盟的口径发声；另一方面，印尼在东盟内部贸易中依然扮演着一个维持贸易顺差的纯出口国，这一角色显然无法担负起地区生产驱动器和地区消费市场的重担，在东盟一体化陷入僵局的今天，印尼的产业结构——当然这并不是其自愿的事——将使印尼在东盟中的位置变得十分尴尬。

第三，当我们不考虑政治大环境和风向因素，在经济层面上两国贸易真正的驱动力只有一个，那就是产业结构的互补。只有两个国家能够提供对方国家急需的产品，只有双边在贸易中都能够得到满足，这个双边市场才是健康和可持续的。在全球化的今天，每个国家都在全球产业链上占有一席之地，这也天然地排列好了双边贸易的链条，只有顺着这根链条，才能产生繁荣的双边贸易。在这一层面上，当今的国际贸易的确展现出了历史上一直不曾有过的景象。这也能够解释为何崛起中阻力重重的中国，其最大的贸易伙伴仍然是不时产生政治上摩擦的美国和日本，而不是政治上亲密的其他国家这一现象了。

注　释

1. 参见维基百科，新加坡经济。

2. 来源：中国驻新加坡使馆经济商务参赞处。

3. 数据来源：新加坡统计局。

4. 数据来源：新加坡统计局。

5. 数据来源：新加坡统计局官方网站。

6. 数据来源：2013 年 1—9 月新加坡货物贸易及中新双边贸易概况，中国商务部国别数据。

7. 数据来源：2013 年 1—9 月新加坡货物贸易及中新双边贸易概况，中国商务部国别数据。

8. 数据来源：对外投资合作国别（地区）指南，中国商务部国际贸易经济合作研究所。

9. 数据来源：新加坡统计局官方网站。

10. 数据来源：2013 年 1—9 月新加坡货物贸易概况，中国商务部国别数据。

11. 数据来源：2013 年 1—9 月新加坡货物贸易概况，中国商务部国别数据。

12. 数据来源：2013 年 1—9 月新加坡货物贸易概况，中国商务部国别数据。

13. 魏炜：《李光耀时代的新加坡外交研究（1965—1990）》，北京：中国社会科学出版社 2007 年版，第 144 页。

14. 数据来源：东盟官方网站。

15. 数据来源：东盟官方网站。

16. 数据来源：新加坡统计局官方网站。

17. *ASEAN Economic Community Chartbook 2012*, p.17.

18. *ASEAN Economic Community Chartbook 2012*, p.20.

19. 朱颖：《美国与东盟国家自由贸易协定计划的提出与实施》，载《东南亚研究》2007 年第 6 期。

20. 数据来源：新加坡统计局官方网站。

21. 数据来源：新加坡统计局官方网站。

22. 数据来源：中国商务部。

23. 数据来源：中华人民共和国商务部，国别贸易报告。

24. 数据来源：2013 年 1—9 月新加坡货物贸易及中新双边贸易概况，中国商务部国别数据。

25. 资料来源：联合国统计属商品贸易统计库。

26. 数据来源：新加坡统计局，美国办公室官方网站。

27. 数据来源：美国国际贸易委员会官网，http:dataweb.usitc.gov。

28. 数据来源：新加坡统计局官方网站。

29. 资料来源：美国商务部经济分析署。

30. 韦倩青：《美国直接投资对中国与新加坡双边产业内贸易的影响研究》，载《经济问题探索》2007 年第 2 期。

31. 邹宁军：《新加坡双边自由贸易外交分析》，暨南大学 2010 年硕士学位论文。

第四章　澳大利亚自由贸易协定研究

第一节　澳大利亚宏观经济综述

一、综　　述

澳大利亚联邦（The Commonwealth of Australia），简称澳大利亚（Australia），是一个发达的资本主义国家，领土面积全球第 6 位，澳大利亚不仅国土辽阔，且物产丰富，是南半球经济最发达的国家，全球第 12 大经济体，全球第 4 大农产品出口国，也是多种矿产出口量全球第 1 的国家。澳大利亚是世界上放养绵羊数量和出口羊毛最多的国家，被称为"骑在羊背的国家"。澳大利亚的金融业、商业和服务业也极为发达。此外，澳大利亚的旅游业也在全球名列前茅。

据世界银行数据显示，2013 年澳大利亚 GDP 为 1.564 亿美元，人口约为 2 400 万，世界排名第 12 位，人均 GDP 为 6.89 万美元，排名第 5 位。在 2012 年，澳大利亚国内生产总值中，第一产业占 4%、第二产业占 26.6%、第三产业占 69.4%。通胀率为 2.2%，属于温和通胀程度。澳大利亚公共债务为 GDP 的 26.9%，财政赤字占 GDP 的 6.08%（警戒线为 3%）。

二、经济自由度

根据《华尔街日报》资料，2014 年世界经济自由指数排名中，澳大利亚位于第 3 位。研究表明澳大利亚在过去几年间经济不断自由化，主要体现于商业自由、投资自由以及从廉洁政府中得到的自由，有着透明的、高效的商业环境和开放的市场政策，虽然没有资本自由之都中国香港的自由化高度，不过评分达到 80 分以上的国家也仍然属于少数。

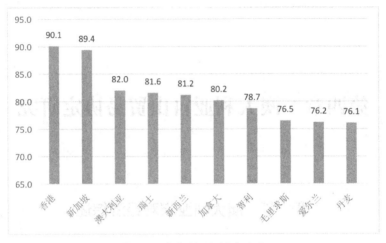

图 4-1　澳大利亚经济自由度

三、贸易表现

（一）进出口贸易统计数据

据表 4-1 所示，2012—2013 年澳大利亚贸易总量为 6 208 亿美元，比 2011—2012 年贸易总量 6 243 亿美元下降了 2%，2012—2013 年出口额为 3 014 亿美元，下降了 4.5%，其中以商品贸易出口额下降了 6% 为主，跌至 2 490 亿美元。服务贸易出口仍然继续以 3.7% 的速度增长，高于过去 5 年的平均趋势。如图 4-2、图 4-3 所示，相比出口，进口则表现得相对稳定，过去 5 年以 4.1% 的平均增长率稳定提升。

表 4-1　澳大利亚贸易额数据表（百万澳元）

	2007—2008	2008—2009	2009—2010	2010—2012	2011—2012	2012—2013	增长率（%）	
							2012—2013	5 年内
出口								
商品	182 925	231 615	201 805	247 022	265 109	249 088	− 6.0	6.3
服务	49 822	51 846	50 349	50 299	50 529	52 411	3.7	0.5
合计	232 747	283 461	252 154	297 321	315 638	301 499	− 4.5	5.2
进口								
商品	208 929	224 858	210 800	225 381	257 516	255 391	− 0.8	4.3
服务	54 452	57 320	53 954	57 967	61 194	63 959	4.5	3.1
合计	263 381	282 178	264 754	283 348	318 710	319 350	0.2	4.1

续表 4-1

	2007—2008	2008—2009	2009—2010	2010—2012	2011—2012	2012—2013	增长率（%）	
							2012—2013	5 年内
双边贸易总量								
商品	391 854	456 473	412 605	427 403	522 625	504 479	− 3.5	5.3
服务	104 274	109 166	104 303	108 266	111 723	116 370	4.2	1.9
合计	496 128	565 639	516 908	580 669	634 348	620 849	− 2.1	4.6
贸易平衡								
商品	− 26 004	6 757	− 8 995	21 641	7 593	− 6 303	--	--
服务	− 4 630	− 5 475	− 3 605	− 7 668	− 10 665	− 11 548	--	--
合计	− 3 0634	1 283	− 12 600	13 973	− 3 072	− 17 851	--	--

EXPORTS OF GOODS AND SERVICES(a)

($ billion)

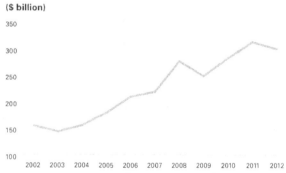

(a) Balance of payments basis. **Based on ABS catalogue 5368.0.**

图 4-2　澳大利亚出口额变化图

IMPORTS OF GOODS AND SERVICES(a)

($ billion)

(a) Balance of payments basis. **Based on ABS catalogue 5368.0.**

图 4-3　澳大利亚进口额变化图

（二）进出口商品额

如表 4-2 所示，2012—2013 年澳大利亚出口前 4 位的分别是铁矿石（570 亿美元）、煤（386 亿美元）、黄金（153 亿美元）、教育旅游服务（144 亿美元），这 4 个份额最大的出口品种均有着不同程度总量的下跌，同时原油的出口也下降了 13%，为出口跌幅最大的商品之一。值得关注的是天然气的出口额为 142 亿美元，增长了19.4%，同时在过去 5 年中每年平均保持了 16.2% 增长速度。

表 4-2　澳大利亚 10 大贸易出口商品及服务表（百万澳元）

商品类别排序	2010—2011	2011—2012	2012—2013	增长率（%）	
				2011—2012	5 年内
总计	297 321	315 638	301 499	− 4.5	5.2
铁矿石及精矿	58 396	62 695	57 082	− 9.0	23.7
煤炭	43 853	47 912	38 640	− 19.4	6.1
黄金	13 608	15 814	15 301	− 3.2	2.9
教育相关的旅游服务	15 500	14 711	14 461	− 1.7	1.6
天然气	10 286	11 949	14 271	19.4	16.2
个人旅游（教育）服务	11 788	11 864	12 583	6.1	0.7
原油	11 090	11 175	9 719	− 13.0	3.4
小麦	5 482	6 351	6 750	6.3	16.7
铝矿石及精矿（含铝土）	5 281	5 277	5 565	5.5	− 1.9
铜矿石及精矿	5 130	5 387	5 352	− 0.6	7.7

表 4-3　澳大利亚 10 大贸易进口商品及服务表

商品类别排序	2010—2011	2011—2012	2012—2013	增长率（%）	
				2011—2012	5 年内
总计	283 348	318 710	319 350	0.2	4.1
个人旅游（教育）服务	21 781	22 593	21 990	− 2.7	5.2
原油	19 307	20 908	20 187	− 3.4	6.8
客运车辆	14 461	15 980	17 330	8.4	4.7
成品油	11 262	15 564	16 854	8.3	7.3
货运服务	8 251	8 945	9 144	2.2	− 0.0
电信设备与零部件	7 295	8 722	8 916	2.2	5.9
药品（含兽药）	8 214	8 541	8 051	− 5.7	4.6
货运车辆	5 523	7 621	7 698	1.0	7.0
客运服务	6 103	6 688	7 151	6.9	2.0
计算机	6 403	6 885	6 650	− 3.4	4.3

相比出口的大幅度下降，澳大利亚进口商品则继续稳定的涨跌趋势，2012—

2013 年澳大利亚进口前 3 位的分别是个人旅游服务（219 亿美元）、原油（201 亿美元）及汽车（173 亿美元）。

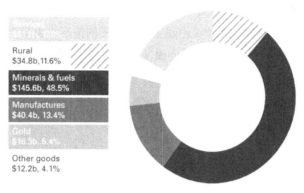

图 4-4　2012 年澳大利亚出口商品及服务图

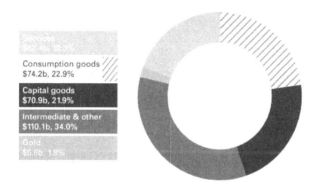

图 4-5　2012 年澳大利亚进口商品及服务图

（三）贸易平衡

图 4-6　澳大利亚贸易平衡表

如图4-6所示，该图列出了澳大利亚从2010年2月—2014年2月的贸易平衡图，澳大利亚近几年贸易顺逆差变化不定，2010—2012年出现两年总共139亿美元的贸易顺差额以后，又出现了连续的贸易逆差状况，同时在2012—2013年达到贸易逆差顶峰178亿美元，但是在2014年又出现了贸易顺差的情形。由于全球经济放缓，世界各国对煤炭、铁矿的需求下降，导致煤及铁矿石的价格下跌，使得澳大利亚的主要出口商品受阻，虽然出口量并没有下降太多，但是出口收入却损失不少。同时澳大利亚汇率的不断上升也对其出口产生一定影响，在出口受阻而进口保持稳定的情况下，出现了2011—2013年的贸易逆差。

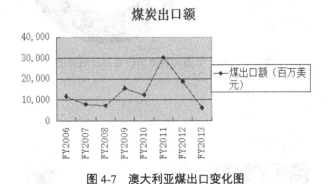

煤炭出口额

图4-7 澳大利亚煤出口变化图

（四）主要贸易伙伴

如表4-4所示，2012年澳大利亚的10大贸易伙伴国中，中国排名第1位，双边贸易额达1 251亿美元，约占澳大利亚总贸易额的20%；其次是日本，双边贸易额为711亿美元，占澳大利亚总贸易额的11.4%；美国位居第3位，双边贸易额为562亿美元。前10位贸易伙伴国贸易总额共占澳大利亚总贸易额的65.8%，其中APEC区域内贸易总量占澳大利亚总贸易额的70.2%，与东盟10国的贸易占澳大利亚总贸易额的14.7%，与欧盟28国的贸易额占13.1%，与OECD的贸易额占澳大利亚总贸易额的45.1%。

表4-4 2012年澳大利亚10大贸易伙伴表（百万美元）

排序	国家	商品	服务	合计	占比（%）
1	中国	117.4	7.6	125.1	20.0
2	日本	66.8	4.2	71.1	11.4
3	美国	39.9	16.3	56.2	9.0
4	韩国	29.7	2.2	31.9	5.1
5	新加坡	21.6	7.5	29.1	4.7

排序	国家	商品	服务	合计	占比（%）
6	英国	13.4	8.9	22.3	3.6
7	新西兰	14.7	6.6	21.2	3.4
8	泰国	15.1	3.4	18.4	3.0
9	马来西亚	14.7	2.9	17.7	2.8
10	印度	14.8	2.7	17.5	2.8
	十大贸易伙伴国总计	348.1	62.3	410.4	65.8
	双边贸易总量	510.2	113.6	623.8	100.0
1	APEC	372.1	65.6	437.8	70.2
2	OECD	224.9	56.4	281.3	45.1
3	ASEAN	71.1	20.5	91.7	14.7
4	EU28	59.7	21.9	81.6	13.1

图 4-8 显示了澳大利亚与各大洲的贸易份额，在亚洲的贸易份额最大，占 60.8%，其次为欧洲，占 14.9%，第 3 是美洲，占 11.6%。

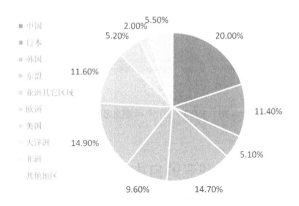

图 4-8　2012 年澳大利亚区域贸易额百分比图

四、澳大利亚的国家竞争力

研究发现，在众多影响澳大利亚国际竞争能力的因素中，澳元币值汇率的变动成了重要的因素，而从数据中也可以得出澳元的高涨一定程度地影响了澳大利亚的商品出口，尤其是在 2013 年底时澳元币值达到了新的高峰（见图 4-9）。第二个影响因素被认为是物流费用过高，这是由于澳大利亚的地理位置较偏远造成的。

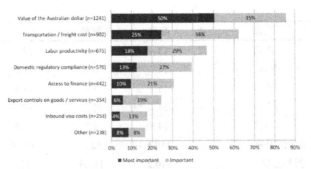

图4-9　影响澳大利亚国际竞争力的原因图

图4-10　1984—2014年澳元价值变化

第二节　澳大利亚的自由贸易协定（FTA）

综观全球，如今出现了越来越多的自由贸易协定，相比以往的全球贸易协定，双边或多边的FTA能够更加高效，更符合每个协议国的利益，具有更好的可操作性。在这些协定下，参与者在自由贸易协定的规定范围内自由地进出于别国的商品、服务、投资领域，同时FTA也将涉及有关国家地区的知识产权问题、政府采购以及竞争策略问题。

澳大利亚当前有7个正在运行的自由贸易协定，分别是与新西兰、新加坡、泰国、美国、智利、马来西亚以及东盟之间所签订的自贸协定。这些国家与澳大利亚的贸易额占澳大利亚总贸易额的28%。

澳大利亚还有8个正在谈判但尚未运行的自由贸易协定，其中4个是双边

FTA，分别是与中国、日本、印度和印度尼西亚；另外 4 个是多边的 FTA，分别是跨太平洋贸易伙伴协定、海湾阿拉伯国家合作委员会、太平洋经贸协定和区域综合经济伙伴关系协定，与韩国的 FTA 谈判已经谈妥，但还没有正式运行。以上谈判的国家与澳大利亚的贸易额占到澳大利亚总贸易额的 45%，自由贸易协定将有利于澳大利亚出口商进入新市场，并扩大现有市场贸易规模。

一、已实施的自由贸易协定

（一）澳大利亚—新西兰更紧密经济关系贸易协定

澳大利亚—新西兰更紧密经济关系贸易协定是澳大利亚最主要的双边自由贸易协定之一，于 1983 年签订并实施，它基本上包括了所有的商品贸易，包括农产品，同时它也是第 1 个服务领域的自由贸易协定。1983—2006 年，双边贸易额以平均每年 8% 的增长率高速增长，其中新西兰出口增长率为 8.9%，澳大利亚出口增长率为 7.5%。

而在 2012—2013 年，澳—新贸易关系中，双边贸易额为 209 亿美元，占澳大利亚贸易总量的 3.4%，比 2011—2012 年下降了 3%，近 5 年双边贸易额平均每年下降 1.3%。澳大利亚主要向新西兰出口谷物制成品、动物饲料、食品、酒精类饮品、提炼油、天然气等，澳大利亚则主要自新西兰进口原油和黄金。

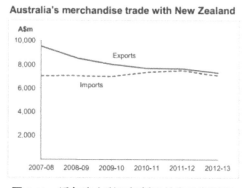

图 4-11　近年澳大利亚与新西兰商品贸易图

（二）东盟—澳大利亚—新西兰自由贸易区

东盟—澳大利亚—新西兰自由贸易区（AANZFTA）是澳大利亚第 1 个多边的自由贸易协定，区内有 12 个国家，超过 6 亿的人口以及超过 3.1 万亿美元的 GDP。AANZFTA 在 2010 年 1 月正式运行，现有 67% 的商品自由关税，而到 2020 年前将有超过 96% 的商品关税实现自由化。

在 2012—2013 年，东盟与澳大利亚贸易总额为 918.4 亿美元，占澳大利亚当年的贸易总额的 14.8%，比 2011—2012 年的贸易额增加 1.8%，近 5 年平均每年增长 2.8%。

澳大利亚将在农业、制造业和服务业领域受益于该项协定。澳大利亚农产品将更广泛地进入东南亚市场，工业产品也将获得出口机会的扩大；澳大利亚制药业每年向东盟出口达 6 亿澳元，随着协定的签署，澳大利亚制药业将获得更广阔的出口空间；化学品的高关税将取消，电子机械产品的关税也将取消；在汽车领域，澳大利亚将对进口东盟汽车取消关税，但对于产于印尼、马来西亚、泰国的汽车，澳方取消进口关税的步伐将会相对缓慢，因为目前澳方要求上述三国对澳汽车采取同样待遇。根据数据可知，东盟相对于澳大利亚、新西兰来说更加依赖于对方市场。

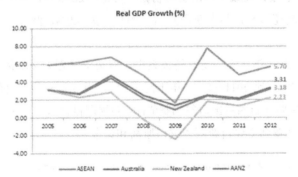

图 4-12　AANZFTA 成员国 GDP 增幅图

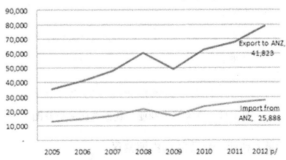

图 4-13　AANZFTA 商品贸易图

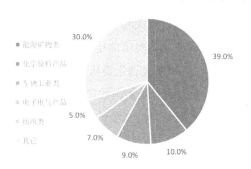

图 4-14　2012 年东盟出口到澳新的 5 大商品份额

（三）澳大利亚—智利自由贸易协定

2009 年澳大利亚与智利签署自由贸易协定，智利成为澳大利亚在拉美地区第 1 个与之签署自由贸易协定的国家。根据该协定，97% 的商品实现零关税，2015 年将 99% 实现零关税，除了糖类（目前仍然收取 6% 的关税）。双边自由贸易协定还包括服务、投资和政府采购。

智利是澳大利亚在拉美地区的第 3 大贸易伙伴，2011 年 7 月—2012 年 7 月双边贸易总额 17 亿美元，约占贸易总额的 0.3%，澳大利亚对智利出口 5.15 亿美元，主要包括煤、牛肉、工程设备和专用设备，智利对澳大利亚出口额 12 亿美元，主要包括铜、铅、纸浆和木材。

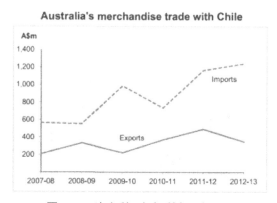

图 4-15　澳大利亚与智利商品贸易图

（四）澳大利亚—美国自由贸易协定

2004 年 2 月，美国与澳大利亚正式签署该自由贸易协定，双方将取消从对方进口的大部分工业产品和服务产品的关税。澳大利亚出口到美国的农产品中有 66% 将取消关税。美国将分阶段逐步增加进口澳大利亚牛肉和奶制品，美国出口到澳大利亚的价值 4 亿美元的农产品将免除关税，美国的电信、电脑、能源、旅游等行业将在澳大利亚获得更大的市场准入。每年澳大利亚要从美国进口超过 20 亿美元的飞机、汽车、机械产品、电脑等商品。澳大利亚是美国的第 13 大进口国，主要进口产品是农产品和医药产品，而农产品市场则是双方竞争的主要领域。2012—2013 年美澳贸易总额为 538.8 亿美元，比 2011—2012 年同期下跌了 5.7%，占总额的 8.7%，澳大利亚与美国常年保持着贸易逆差状态。

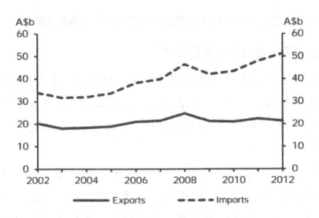

图 4-16　澳大利亚与美国贸易关系图

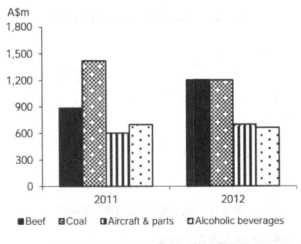

图 4-17　澳大利亚主要出口美国商品图

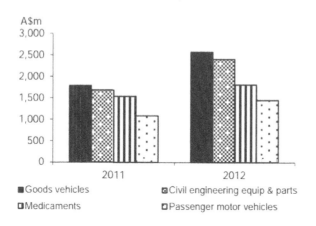

图 4-18　澳大利亚主要从美国进口商品图

（五）澳大利亚—马来西亚自由贸易协定

2013 年 1 月 1 日，澳大利亚—马来西亚自由贸易协定（MAFTA）正式启动。自此，澳大利亚出口至马来西亚的商品将有 97.6% 享受免税待遇，2017 年该比例将升至 99%。澳大利亚—马来西亚自由贸易协定谈判于 2005 年 5 月正式启动，2006 年，双方谈判暂停，转移关注点到东盟—澳大利亚—新西兰自由贸易协定（AANZFTA）的谈判上。澳大利亚—马来西亚自由贸易协定是东盟—澳大利亚—新西兰自由贸易协定的重要补充，将为两国开辟新的市场机会，协定一旦实施，将极大加强国家之间的贸易和经济关系。牛奶、铁矿、红酒、谷物等商品将获益最大。

2012—2013 年，马来西亚是澳大利亚第 9 大贸易伙伴国，双边贸易总额为 170.7 亿美元，占澳大利亚贸易总额的 2.7%，近 5 年来平均每年增幅为 4.5%。

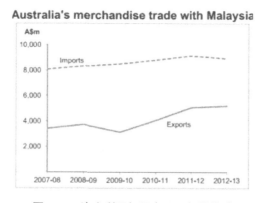

图 4-19　澳大利亚与马来西亚贸易关系

（六）澳大利亚—新加坡自由贸易协定

2002 年 11 月澳大利亚与新加坡签署了自由贸易协定，这也是 1983 年澳大利亚与新西兰签订紧密经济关系协定后，签署的第 2 个双边自由贸易协定。根据协定，双方产品的进出口可以互免关税。目前澳大利亚对加工产品和纺织服装产品设置的进口关税在 5%—20%，而双边签订自由贸易协定之后，澳方将不再对新加坡进口的加工产品和纺织品征收关税。但澳大利亚同时进一步要求，新加坡进口货物的原产地成分必须达到 50% 以上才能免征关税。作为让步，澳方同意新加坡电器和电子产品在加工生产过程中价值增殖的限制由原来的 50% 降低到 30%。此外，新加坡对澳大利亚进口产品也免征关税，目前主要是不对澳大利亚进口啤酒征收进口关税。

新加坡将取消对澳大利亚在新加坡经营批发银行业务的金融机构数量所施加的限制；澳大利亚法律公司可以在新加坡经营；澳大利亚高等教育院校将享受与新加坡学校同等待遇；新加坡取消对澳大利亚工程、建筑、会计、审计业务的限制规定；新加坡允许澳大利亚电讯业与新加坡电讯企业的竞争；新加坡对澳大利亚开放环境、工程、交通等行业；双方加强海关规定的一致性；双方同意向对方提供经营管理人员、从事服务行业人员签证和居住便利。

2012—2013 年澳新贸易总额为 289.6 亿美元，占澳总额的 4.7%，位于第 5 位，近 5 年平均每年增长 1.6%。澳大利亚主要对新加坡出口原油、黄金、动物油，主要进口提炼油、船只、可食用产品。

图 4-20　澳大利亚与新加坡贸易关系

（七）澳大利亚—泰国自由贸易协定

澳大利亚与泰国自由贸易协定于 2005 年 1 月实施，目前两国间 95% 的贸易实行

了零关税。泰国的汽车及其零配件是澳大利亚—泰国自由贸易的最大受惠行业。在
2014 年前的 7 个月里，泰国汽车及其零配件对澳大利亚的出口呈现良好增长，增幅
达七成多，占了泰国对澳大利亚出口总额的近半壁江山。其中，轿车的出口额比增
2.6 倍，皮卡车的出口额比重增长九成多。电脑及其零部件、纺织品和服装（尤其是
家用纺织品）、海产品罐头（尤其是金枪鱼罐头）、家具及其零部件（尤其是卧室
家具和木制家具），这些也是对澳大利亚出口势头良好的泰国商品。与此同时，泰
国从澳大利亚进口的水果罐头和果汁、生铁、钢材、金属矿石、废金属及制品、巧
克力和甜品以及含酒精饮料，则进一步增加。

2012—2013 年澳泰双边贸易额为 193.8 亿美元，占澳贸易总额的 3.1%，排名第
8 位，比 2011—2012 年增长 9.4%，近 5 年平均每年增长 1.7%。澳大利亚主要出口黄金、
原油、铝、铜，主要进口商品汽车、钢铁。

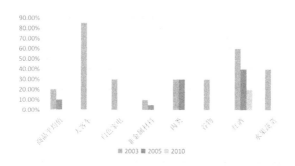

图 4-21　澳大利亚—泰国商品关税变化图

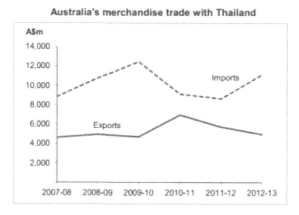

图 4-22　澳大利亚与泰国贸易关系

二、正在谈判的自由贸易协定

（一）澳大利亚—中国自由贸易协定

2014年4月阿博特与中国领导人共同决定将于同年11月签署自贸协定，中澳两国从2005年开始已就自贸协定进行了19轮谈判。中澳贸易额2013年达到1 309.7亿美元，占澳大利亚总贸易额的21.1%，比上一年同期增长了2.1%，近5年增长了15.8%之多。

中国已成为澳大利亚的最大贸易伙伴和主要出口对象国。另一方面，澳大利亚是中国企业最主要的投资目标国和中国人最主要的旅游目的地。平均每年有62.6万中国游客前往澳大利亚，澳大利亚还有15万中国留学生。2013年第四季度，澳大利亚对中国的出口增长了45%，超过了180亿欧元。由于中国对矿产和能源资源的大量需求，澳大利亚对华出口已连续20年稳增不减。

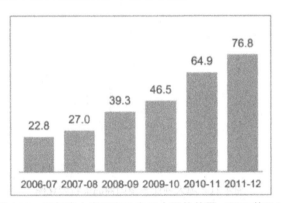

图4-23　近年澳大利亚商品出口中国价值图（百万美元）

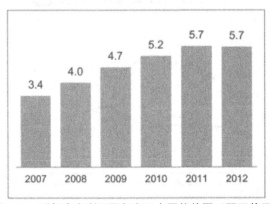

图4-24　近年澳大利亚服务出口中国价值图（百万美元）

2012 年中澳双边贸易额 1 220 亿美元。澳大利亚向中国出口了价值高达 850 亿美元的铁矿石、煤、黄金和羊毛等货物，比 2011 年增长 2.3%。中国向澳大利亚出口了价值 380 亿美元的电信设备、计算机、服装和家具，比上一年增长 11.3%。中国保持了澳大利亚第 1 大贸易伙伴、第 1 大出口市场以及第 1 大进口来源地的地位，中澳经贸合作的双赢局面是毋庸置疑的。近年来中澳相互投资也迅速发展，至 2012 年底，澳大利亚累计在华投资项目逾 1 万个，实际投资 71 亿美元，中国企业累计对澳大利亚非金融类直接投资 130 亿美元。

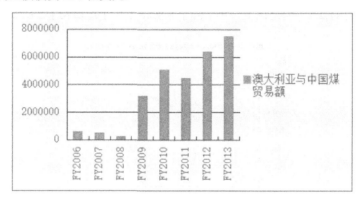

图 4-25　澳大利亚与中国煤贸易图（千美元）

图 4-26　澳大利亚与中国铁矿石贸易图（千美元）

（二）澳大利亚—日本自由贸易协定

2014 年 4 月日本和澳大利亚就自由贸易协定达成一致，澳大利亚成为首个进入日本农产品市场的国家。澳大利亚方面基本同意停止对日本收取 5% 的汽车进口关税。

在降低关税的幅度以及市场的开放度方面，日本都对澳大利亚进行了前所未有的让步。日本将首先对 75% 的澳大利亚进口汽车取消目前所征收的 5% 的关税，并在今后 3 年内，对全部来自澳大利亚的汽车取消关税。澳大利亚的羊毛、棉花、羊肉和啤酒产业将在日本享受零关税待遇。澳大利亚服务供应商还将从日本的金融、教育、电讯以及法律服务市场中得到更多收益。日本政府为换取澳大利亚降低对日本汽车和家电征收关税，决定向澳大利亚放开本国农产品市场，可见其对汽车出口的重视。

2012—2013 年澳日双边贸易额为 692.3 亿美元，位于澳大利亚贸易伙伴的第 2 位，占总贸易额的 11.2%，但是比上一年下降了 8.8%，5 年平均增长了 2.6%。

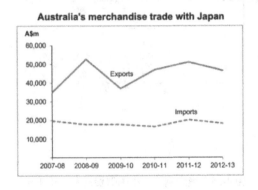

图 4-27　澳大利亚与日本贸易关系图

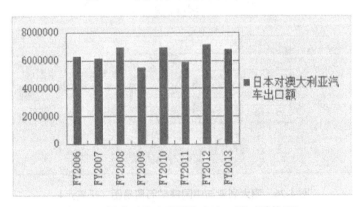

图 4-28　日本对澳大利亚汽车出口图（千美元）

（三）澳大利亚—印度自由贸易协定

2012—2013 年澳大利亚与印度双边贸易额为 166.5 亿美元，排名第 10 位，占总贸易份额的 2.7%，但与上一年相比，双边贸易额下降了 9.7%，5 年双边贸易平均增加了 1.1%。澳大利亚方主要出口铜矿、煤、黄金，主要进口印度的珠宝、汽车、医药等。

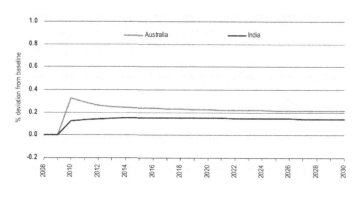

图 4-29　澳大利亚与印度 FTA 对双方 GDP 的影响预测图

（四）澳大利亚—印度尼西亚全面经济伙伴协定

2012—2013 年，澳大利亚与印度尼西亚双边贸易额为 141.9 亿美元，占总额的 2.3%，比上一年贸易额下降了 5%，5 年增长了 7.2%。如图 4-30 所示，澳大利亚与印度尼西亚的贸易额是总体不断上升，但是有小幅度的不稳定波动。如图 4-32 所示，澳大利亚对印度尼西亚出口最多的商品为矿石与金属类以及动物类商品，而印度尼西亚主要出口的是金属制成品、玻璃以及电子机械。

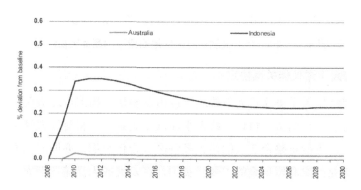

图 4-30　澳大利亚与印度尼西亚 FTA 对双方 GDP 的影响预测图

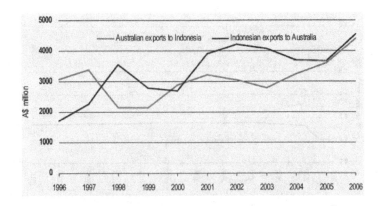

图 4-31　澳大利亚与印度尼西亚出口对比图

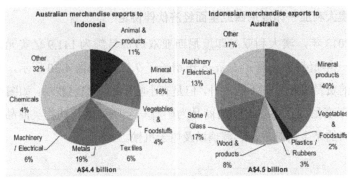

图 4-32　2006 年澳大利亚与印度尼西亚不同商品贸易份额

（五）跨太平洋伙伴关系协定

跨太平洋伙伴关系协议将突破传统的自由贸易协定模式，达成包括所有商品和服务在内的综合性自由贸易协议。跨太平洋伙伴关系协议将对亚太经济一体化进程产生重要影响，可能将整合亚太的两大经济区域合作组织，亦即亚洲太平洋经济合作组织和东南亚国家联盟重叠的主要成员国，将发展成为涵盖亚洲太平洋经济合作组织大多数成员在内的亚太自由贸易区，成为亚太区域内的小型世界贸易组织。

如今有 12 个成员国参加 TPP 谈判，其中 5 个属于澳大利亚前 10 大贸易伙伴，分别是日本（第 2 位）、美国（第 3 位）、新加坡（第 5 位）、新西兰（第 7 位）、马来西亚（第 9 位）。据统计，澳大利亚与 TPP 成员国 2012—2013 年的贸易总额为 2 090.6 亿美元，占澳大利亚年度贸易总额的 33.7%。而 TPP 成员国的 2013 年 GDP 总量占世界的 37.5%，人口占世界的 11.2%，2012 年 TPP 成员国的贸易总额占世界的 25.6%。

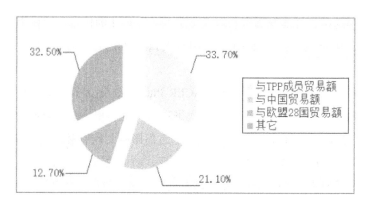

图 4-33 澳大利亚与 TPP 国家贸易份额与其他国家比较

（六）澳大利亚—海湾合作委员会自由贸易协定

海湾阿拉伯国家合作委员会是海湾地区最主要的政治经济合作组织，简称"海湾合作委员会"或"海合会"。海合会成立于 1981 年 5 月，总部设在沙特阿拉伯首都利雅得，成员包括阿联酋、阿曼、巴林、卡塔尔、科威特和沙特阿拉伯 6 国，该协定谈判从 2007 年 7 月开始。

澳大利亚与海合会有着重要的经济联系，涉及双方商品与服务贸易投资。海合会是一个重要的活禽、农作物、食物产品的进口地区，该需求在 2013 年总共价值 200 亿美元，汽车的需求价值也将近 140 亿美元，此外还有更加广泛的矿石、服务需求。澳大利亚也是最早一个与海合会进行自由贸易协定谈判的国家。2012 年与澳大利亚的商品贸易额为 101.6 亿美元。

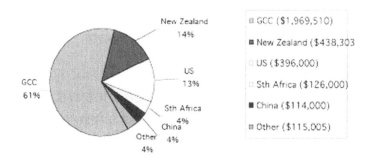

图 4-34 2005—2006 年澳大利亚客车出口的国家地区比例图

（七）太平洋更紧密经济关系协定

太平洋更紧密经济关系协定（Pacific Agreement on Closer Economic Relations）旨

在帮助太平洋岛国更好地发展贸易以及促进经济一体化的协定。该协定谈判在 2009年 8 月开始，协定成员国在 2010 年时拥有人口 3 590 万，与澳大利亚的贸易额为298 亿美元。

但是诸多反对意见认为：第一，PACER-Plus 将改变众多太平洋岛国的经济结构，乃至当地居民的生活方式；第二，太平洋岛国进口税占政府财政收入的 19%，PACER-Plus 将减少太平洋岛国进口税收入，进而影响到政府财政收入和提供公共服务的能力；第三，PACER-Plus 将造成澳大利亚、新西兰进口商品充斥岛国市场，当地优势产业发展困难重重；第四，不应涉及岛国卫生、教育、水电等公共服务领域。

分析认为澳大利亚作为太平洋南部地区的领导者，在经济国力上具有压倒性优势，则必然会在周边国际关系中存在一定的影响力，而此项协定正体现出澳大利亚在周边国际经济关系的运作方式，推进周边经济贸易自由化，有利于澳大利亚的商品出口，有利于对周边的经济控制，从而加强其政治的影响力，成为地区的领导者角色。

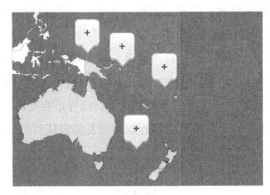

图 4-35　太平洋更紧密经济关系协定国

（八）区域全面经济伙伴关系协定

区域全面经济伙伴关系协定（RCEP）是东盟在美国积极推动跨太平洋伙伴关系协定背景下做出的战略性选择，这也是东亚合作多年来取得的重大突破。对"东盟＋1"自由贸易协定的横向比较分析表明，各自贸协定在投资条款上差异最小，货物贸易次之，服务贸易差异较大。如果以整合 5 个"东盟＋1"自由贸易协定的方式推动 RCEP 谈判，RCEP 可能在投资协定上先行取得突破。

2014 年 4 月 4 日，为期 5 天的《区域全面经济伙伴关系协定》第 4 轮谈判在广西南宁圆满结束。东盟 10 国、中国、澳大利亚、印度、日本、韩国、新西兰等 16

方在本轮谈判中继续就 RCEP 涉及的一系列议题进行了密集磋商，在货物、服务、投资及协议框架等广泛的问题上取得了积极进展。在货物贸易方面，重点讨论了关税、非关税措施、标准技术法规合格评定程序、卫生与植物卫生措施、海关程序与贸易便利化、原产地规则等议题。在服务贸易方面，就谈判范围、市场准入领域等议题充分交换了意见。在投资方面，就投资模式文件和投资章节要素进行了深入探讨。

2012 年，该区域内成员国与澳大利亚贸易额为 3 583 亿美元，占澳大利亚当年贸易总额的 57.7%，区内 GDP 为 21.2 万亿美元，人均 GDP 为 6 226 美元，人口为 34.04 亿人，是一个充满需求活力的经济区域。

协定的签订对澳大利亚的利益有三个方面：第一，区内的成员国基本上是澳大利亚的主要贸易伙伴国或地区邻国。第二，在澳大利亚前 12 大主要贸易伙伴国中有 9 个国家参加了 RCEP 协定谈判，对 RCEP 国家的出口额占到澳大利亚总出口的 70%。第三，提供给澳大利亚更广阔、更开放的贸易投资区域。

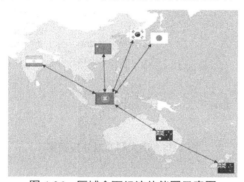

图 4-36　区域全面经济伙伴国示意图

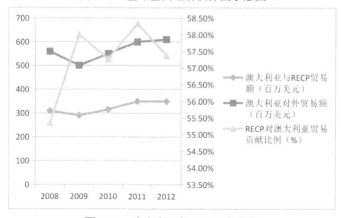

图 4-37　澳大利亚与 RCEP 贸易额

　　RCEP 在 2012 年占据澳大利亚商品出口的近 3/4（74.6%）以及商品贸易总额的 62.5%。因此，澳大利亚非常希望可以利用 RCEP 实现更加自由化的市场，尤其是农业部门以及希望加强完整的区域价值链。在服务贸易方面，RCEP 占了 46.2% 的出口以及 38.7% 的服务贸易额。

　　在投资方面，2012 年 RCEP 向澳大利亚投资了 2 800 亿美元，占外商对澳大利亚投资的 12.9%，以及 208 亿美元的澳大利亚对 RCEP 投资，占澳大利亚对外投资的 15.9%。而数据证明，RCEP 的投资表现落后于其贸易表现。

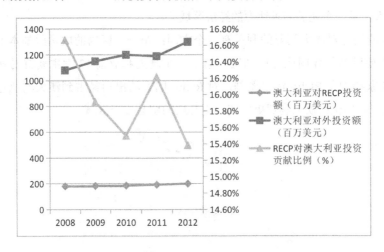

图 4-38　澳大利亚对外投资图

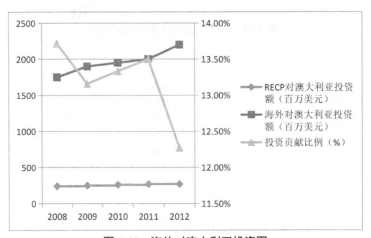

图 4-39　海外对澳大利亚投资图

表 4-5　2012 年澳大利亚与 RCEP 双边贸易表现（十亿澳元）

排序	国别/地区	出口	占比（%）	进口	占比（%）	合计	占比（%）
1	中国	78.7	26.2	46.3	14.7	125.1	20.3
2	日本	49.8	16.6	21.3	6.7	71.1	11.5
4	韩国	21.6	7.2	10.3	3.3	31.9	5.2
5	新加坡	10.3	3.4	18.8	6.0	29.1	4.7
7	新西兰	11.1	3.7	10.2	3.2	21.2	3.4
8	泰国	5.8	1.9	12.7	4.0	18.4	3.0
9	马来西亚	6.7	2.2	10.9	3.5	17.7	2.9
10	印度	14.0	4.7	3.4	1.1	17.5	2.9
12	印度尼西亚	6.1	2.0	8.5	2.7	14.6	2.4
	其他亚洲国家	5.4	1.8	6.5	2.1	11.8	1.9
	RCEP 总计	209.4	69.8	149.0	47.1	358.3	58.2
	全球总计	299.9	100.0	316.1	100.0	616.0	100.0

三、分析与总结

总体看来，澳大利亚经济在过去十年间稳步增长，虽然相比英联邦国家英国、加拿大而言增长速度有所不及，但在 2008 年金融危机以后，澳大利亚的经济恢复速度则相对二者来说则稍显快速，得益于澳大利亚的出口额在 2008 年后的 3 年间迅速增长，同时 2013 年 12 月的居民储蓄率跌至 9.7%，达到 3 年以来最低值，说明居民消费增强，有信心加强支出以及消费。

现实情况则是随着全球经济增长的放缓，对需求的减少，尤其是各种矿产、煤炭需求的大幅降低，使得澳大利亚的出口受挫，而这二者又是经济发展时最主要的资源，同时与教育旅游相关的产业出口额也连续 2 年下降，这几项商品服务的出口是澳大利亚最主要的出口种类，当它们开始下降的时候，澳大利亚的出口额自然也会下降，2013 年出口额下降率为 4.5%。其次，澳元还不断受到升值的影响，这势必会对出口造成成本上的压力。

值得关注的商品是天然气，它是唯一一个可以在全球经济放缓的情况下，仍然保持出口比上一年增加 19.4%，5 年平均增长 16.2% 的商品。出口对象国主要为中国、日本、韩国、印度等。目前，澳大利亚天然气储备保守估计为 133 亿立方英尺（1 立方英尺 ≈ 0.03 立方米），足够澳大利亚使用 150 年，在煤炭以及铁矿出口下降的情况下，天然气非常可能在不久的未来改变澳大利亚出口的主要动力。

　　另一个则是澳大利亚的农业。澳大利亚一直是个农业、畜牧业大国，该类型商品出口增量稳定，在经济快速发展的时候增速没有铁矿石快，但是在经济放缓的时候亦仍能保持低速增长，2013 年农业出口额为 260 亿美元，增速为 4.3%，5 年平均增速为 5.4%。小麦、肉类、棉花、羊毛都是其主要的出口商品。因此，澳大利亚同日本、美国等对农业保护色彩较强的国家或者农业出口大国进行自由贸易谈判时，农业方面的谈判常常成为关键点。

　　中国是澳大利亚的最大贸易伙伴国，在中国经济放缓的时候，两者双边贸易虽然同时放缓，但是仍保持低速增长的状态，在巨大贸易额的情况下仍然可以有这样的表现已经很不容易。相比澳大利亚前 30 位贸易伙伴，有 22 位在近年双边贸易额出现下滑，为数不多的国家如菲律宾向澳大利亚进口大量的铁矿、小麦、黄铜，使得双边贸易额大增 15%，是增长最多的国家，但毕竟是少数。由此可看出，中国对于澳大利亚来说是最靠得住、最稳定的贸易伙伴国，二者相互依赖的程度很深。

　　东盟与澳大利亚有着良好的产业结构互补关系，澳大利亚在传统上是个农业大国，能源矿产丰富，但是制造业则相对衰弱，而东盟则是未来有可能替代中国成为世界工厂的地区，有良好的劳动生产力，但是资源相对匮乏。因此双方的贸易关系也非常紧密，良性循环。同时印度等发展中国家也存在这些与澳大利亚产业结构性差异的情况，双方开展贸易符合了比较优势理论，就单纯经济上来说是有利于双方贸易发展的。

附 表 一

韩国 2000—2001 年进出口情况表（千美元）

年份	出口		进口		贸易平衡
	金额	增长率	金额	增长率	
2000	172 267 510	19.9	160 481 018	34	11 786 492
2001	150 439 144	− 12.7	141 097 821	− 12.1	9 341 323
2002	162 470 528	8	152 126 153	7.8	10 344 375
2003	193 817 443	19.3	178 826 657	17.6	14 990 786
2004	253 844 672	31	224 462 687	25.5	29 381 985
2005	284 418 743	12	261 238 264	16.4	23 180 479
2006	325 464 848	14.4	309 382 632	18.4	16 082 216
2007	371 489 086	14.1	356 845 733	15.3	14 643 352
2008	422 007 328	13.6	435 274 737	22	− 13 267 409
2009	363 533 561	− 13.9	323 084 521	− 25.8	40 449 040
2010	466 383 762	28.3	425 212 160	31.6	41 171 601
2011	555 213 656	19	524 413 090	23.3	30 800 566
2012	547 869 792	− 1.3	519 584 473	− 0.9	28 285 319
2013	559 632 434	2.1	515 585 515	− 0.8	44 046 919
2014 (01~03Month)	138 249 458	2.2	132 399 032	2.1	5 850 427

数据来源：韩国贸易协会，http://global.kita.net/。

附 表 二

2000—2013 年按 SITC 产品分类贸易总额（百万美元）

年份	食物及活的动物	饮料及烟草	非食用材料	化学品及相关产品	机械及运输设备
2000	8 899.05	740.64	11 741.09	27 272.80	159 354.07
2001	8 994.61	825.90	10 638.10	25 440.22	134 605.85
2002	9 734.92	1 040.15	10 812.95	27 919.28	152 905.47
2003	10 495.54	1 076.25	12 147.14	33 417.67	183 797.29
2004	11 726.27	1 043.48	16 027.56	43 780.19	235 352.74
2005	12 424.12	1 061.14	18 193.26	52 247.60	256 024.98
2006	13 711.98	1 195.50	22 978.77	59 379.10	285 077.48
2007	16 265.77	1 437.66	28 260.58	69 977.20	324 229.56
2008	19 452.12	1 651.61	33 376.92	79 368.13	348 229.85
2009	16 685.67	1 594.10	24 299.22	68 919.62	303 215.69
2010	20 255.49	1 871.44	36 261.63	90 099.15	387 219.31
2011	26 760.20	2 076.69	50 484.90	108 960.21	433 324.28
2012	26 347.21	2 259.87	45 717.32	108 657.79	415 629.81
2013	26765.08	2 259.74	41 231.09	113 078.73	440 258.26

年份	矿物燃料、润滑油及相关材料	动物和植物油、脂肪和蜡	轻纺、橡胶、矿业产品及其制品	杂项制品	未分类其他产品
2000	47 452.06	302.96	48 671.03	24 453.99	3 860.84
2001	42 078.42	286.56	43 473.34	22 413.63	2 780.33
2002	38 982.71	360.46	46 234.52	23 824.62	2 782.60
2003	45 531.61	412.59	52 499.21	28 297.39	4 969.42
2004	60 809.99	567.01	67 779.18	34 618.69	6 602.25
2005	83 210.35	637.90	76 872.63	43 726.37	1 258.66
2006	107 627.14	653.26	88 873.07	53 314.18	2 037.00
2007	121 134.54	775.60	103 974.25	59 811.56	2 468.10
2008	180 969.47	1 140.56	124 543.41	65 867.39	2 682.59
2009	115 455.15	876.49	91 364.87	60 199.27	4 008.02
2010	155 175.86	1 059.36	116 572.75	78 457.65	4 623.29
2011	226 760.66	1 489.48	140 979.90	83 854.98	4 935.46
2012	243 682.03	1 416.88	132 624.55	86 421.35	4 697.45
2013	234 543.92	1 119.11	126 827.91	86 275.78	2 858.33

数据来源：韩国贸易协会，http://global.kita.net/。

附　表　三

2012 年世界服务贸易进出口总额排名（十亿美元）

	出口					
	交通服务		旅游服务		其他	
	国家	金额	国家	金额	国家	金额
1	欧盟	373.3	欧盟	368.6	欧盟	1 088.7
2	欧洲（除 EU）	184.7	欧洲（除 EU）	124.7	欧洲（除 EU）	520.9
3	美国	82.8	美国	162.8	美国	375.6
4	新加坡	42.5	中国大陆	50	印度	103.8
5	韩国	40.7	中国澳门	43.9	中国大陆	101.5
6	日本	40.1	泰国	33.6	日本	87.8
7	中国	38.9	中国香港	32.1	瑞士	66.8
8	中国香港	31.9	澳大利亚	31.6	中国香港	59.4
9	俄罗斯	19	土耳其	23.8	韩国	54.5
10	挪威	18	马来西亚	20.2	新加坡	50.2
11	印度	17.1	新加坡	19.3	加拿大	47
12	土耳其	13.2	印度	17.8	俄罗斯	28.1
13	加拿大	13.2	加拿大	17.4	中国大陆	27.1
14	中国台湾	10	瑞士	16.5	巴西	26.1
15	埃及	8.9	日本	14.5	挪威	20.5
16	乌克兰	8.5	韩国	14.2	以色列	20
	总额	760	总额	865	总额	2 155
	进口					
1	欧盟	337.2	欧盟	339.6	欧盟	847.6
2	欧洲（除 EU）	153.8	欧洲（除 EU）	121.7	欧洲（除 EU）	351.5
3	美国	89.8	中国大陆	102	美国	229.5
4	中国大陆	85.9	美国	91.8	中国大陆	92.3

续表

	进口					
	交通服务		旅游服务		其他	
	国家	金额	国家	金额	国家	金额
5	印度	58.9	俄罗斯	42.8	日本	91.7
6	日本	55.3	加拿大	35.2	新加坡	60
7	阿拉伯联合酋长国	47.7	日本	27.8	韩国	56.8
8	新加坡	35.3	澳大利亚	27.5	印度	51.1
9	韩国	30.1	新加坡	22.4	加拿大	46.8
10	泰国	28.5	巴西	22.2	俄罗斯	44.9
11	加拿大	23.2	中国香港	20.2	巴西	41.3
12	沙特阿拉伯	17.9	韩国	20.1	瑞士	27.8
13	澳大利亚	17.2	阿拉伯半岛	17	挪威	23
14	中国香港	16.4	挪威	16.9	中国台湾	21
15	俄罗斯	16.4	瑞士	14.2	中国香港	20.6
16	巴西	14.2	伊朗	12.4	安哥拉	20
	总额	875	总额	810	总额	1 675

数据来源：WTO 国际贸易统计 2013 商业服务贸易，http://www.wto.org/english/res_e/statis_e/its2013_e/its13_trade_category_e.htm。

附 表 四

2013 年韩国与主要贸易国进出口总额排名（百万美元，%）

	出口			进口		
	国家	金额	增长率	国家	金额	增长率
	总额	559 632	2.1	总额	515 586	− 0.8
1	中国大陆	145 869	8.6	中国大陆	83 053	2.8
2	美国	62 052	6	日本	60 029	− 6.7
3	日本	34 662	− 10.7	美国	41 512	− 4.2
4	新加坡	22 289	− 2.6	沙乌地阿拉伯	37 665	− 5.1
5	中国香港	27 756	− 14.9	卡塔尔	25 874	1.4
6	越南	21 088	32.2	澳大利亚	20 785	− 9.6
7	中国台湾	15 699	6	科威特	18 725	2.3
8	印度尼西亚	11 568	− 17.1	德国	19 336	9.6
9	印度	11 376	− 4.6	俄罗斯	11 496	1.2
10	菲律宾	8 783	7	中国台湾	14 633	4.4
11	巴西	9 688	− 5.8	阿拉伯联合酋长国	18 123	19.9
12	俄罗斯	11 149	0.5	新加坡	10 369	7.2
13	墨西哥	9 727	7.6	印度尼西亚	13 190	− 15.9
14	德国	7 908	5.3	马来西亚	11 096	13.3
15	澳大利亚	9 563	3.4	英国	6 194	− 2.7

数据来源：韩国贸易协会，http://global.kita.net/。

附 表 五

2011 年韩国对主要服务贸易进出口总额排名（十亿美元）

	交通服务		旅游服务		其他	
	国家	金额	国家	金额	国家	金额
	出口					
1	中国大陆	7 324	中国大陆	2 769	美国	7 730
2	日本	4 828	日本	1 727	中国大陆	3 405
3	美国	4 678	菲律宾	1 474	欧盟	3 292
4	欧盟	4576	美国	992	日本	3 015
5	中国香港	2 347	加拿大	826	中国香港	1 117
6	新加坡	1 409	欧盟	813	新加坡	1 047
7	中国台湾	949	俄罗斯	765	中国台湾	472
8	越南	804	泰国	390	印度	363
9	印度尼西亚	704	印度	292	阿拉伯酋长联合国	334
10	俄罗斯	700	印度尼西亚	277	越南	310
11	印度	651	中国香港	241	澳大利亚	276
12	巴西	595	新加坡	230	俄罗斯	273
13	泰国	579	马来西亚	195	马来西亚	245
14	墨西哥	458	中国台湾	166	伊朗	244
15	澳大利亚	453	越南	146	泰国	234
	总额	31 056	总额	11 305	总额	22 355
	进口					
1	欧盟	6 692	美国	5 436	美国	13 739
2	美国	5 891	中国大陆	2 833	欧盟	8 263
3	日本	3 082	日本	2 097	中国大陆	6 648
4	中国大陆	2 381	欧盟	1 693	日本	3 458
5	中国香港	1 752	泰国	1 156	中国香港	1 474

	交通服务		旅游服务		其他	
	国家	金额	国家	金额	国家	金额
			进口			
6	新加坡	1 744	澳大利亚	1 148	越南	1 407
7	澳大利亚	622	中国香港	974	新加坡	1 306
8	阿拉伯联合首长国	600	加拿大	935	中国台湾	1 043
9	沙特阿拉伯王国	516	新加坡	604	印度尼西亚	983
10	印度尼西亚	487	越南	449	阿拉伯联合首长国	702
11	巴拿马共和国	462	菲律宾	343	印度	558
12	菲律宾	443	印度尼西亚	323	瑞士	463
13	俄罗斯	381	中国台湾	319	澳大利亚	457
14	中国台湾	370	马来西延	206	菲律宾	398
15	越南	339	新西兰	181	加拿大	268
	总额	25 761	总额	18 698	总额	41 165

数据来源：WTO 国际贸易统计 2013 年商业服务贸易，http://www.wto.org/english/res_e/statis_e/its2013_e/its13_trade_category_e.htm。

附 表 六

主要贸易国家进出口贸易总额及增长率（百万美元，%）

出口

	中国	增长率	日本	增长率	美国	增长率	东盟	增长率	欧盟	增长率	韩国	增长率
2000	249 203	27.84	479 296	14.29	781 918	12.38	430 167	18.74	2 448 943	3.77	172 268	19.89
2001	266 098	6.78	403 496	-15.81	729 100	-6.75	387 069	-10.02	2 471 011	0.90	150 439	-12.67
2002	325 596	22.36	416 726	3.28	693 103	-4.94	407 397	5.25	2 639 148	6.80	162 471	8.00
2003	438 228	34.59	471 817	13.22	724 771	4.57	474 778	16.54	3 150 679	19.38	193 817	19.29
2004	593 326	35.39	565 675	19.89	814 875	12.43	569 061	19.86	3 762 448	19.42	253 845	30.97
2005	761 953	28.42	594 941	5.17	901 082	10.58	656 611	15.38	4 065 612	8.06	284 419	12.04
2006	968 978	27.17	646 725	8.7	1 025 967	13.86	769 840	17.24	4 591 307	12.93	325 465	14.43
2007	1 220 456	25.95	714 327	10.45	1 148 199	11.91	865 198	12.39	5 347 054	16.46	371 489	14.14
2008	1 430 693	17.23	781 412	9.39	1 287 442	12.13	989 793	14.40	5 923 398	10.78	422 007	13.60
2009	1 201 612	-16.01	580 719	-25.68	1 056 043	-18.00	813 787	-17.78	4 597 462	-22.38	363 534	-13.86
2010	1 577 754	21.30	769 774	32.56	1 278 495	21.06	1 050 050	29.03	5 172 108	12.50	466 384	28.29
2011	1 898 381	20.32	823 184	6.94	1 480 290	15.78	1 236 787	17.78	6 080 461	17.56	555 214	19.05
2012	2 048 714	7.92	798 568	-2.99	1 545 709	4.42	1 252 267	1.25	5 799 027	-4.63	547 870	-1.32
2013	2 209 626	7.85	715 097	-10.45	1 578 972	2.15	1 270 336	1.44	6 055 741	4.43	559 632	2.15

进口

	中国	增长率	日本	增长率	美国	增长率	东盟	增长率	欧盟	增长率	韩国	增长率
2000	225 024	35.73	379 510	18.86	1 259 300	18.86	380 640	22.76	2 507 462	6.81	160 481	34.01
2001	243 552	8.23	349 089	-6.36	1 179 180	-6.36	347 020	-8.83	2 476 276	-1.24	141 098	-12.08
2002	295 170	21.19	337 194	1.79	1 200 230	1.79	366 694	5.67	2 591 260	4.64	152 126	7.82
2003	412 760	39.84	382 930	8.57	1 303 050	8.57	411 809	12.30	3 123 469	20.54	178 827	17.55
2004	561 229	35.97	454 542	17.09	1 525 680	17.09	513 647	24.73	3 757 673	20.30	224 463	25.52
2005	659 953	17.59	515 866	13.57	1 732 706	13.57	602 749	17.35	4 133 268	10.00	261 238	16.38
2006	791 461	19.93	579 064	10.70	1 918 077	10.70	687 738	14.10	4 736 965	14.61	309 383	18.43
2007	956 116	20.80	622 243	5.33	2 020 403	5.33	774 988	12.69	5 522 658	16.59	356 846	15.34

	进口											
	中国	增长率	日本	增长率	美国	增长率	东盟	增长率	欧盟	增长率	韩国	增长率
2008	1 132 567	18.45	762 534	7.38	2 169 487	7.38	938 796	21.14	6 193 151	12.14	435 275	21.98
2009	1 005 923	−11.18	551 981	−26.00	1 605 296	−26.00	726 951	−22.57	4 690 099	−24.27	323 085	−25.77
2010	1 396 247	38.80	694 059	25.74	1 969 184	22.67	953 113	31.11	5 305 131	13.11	425 212	31.61
2011	1 743 484	24.87	855 380	23.24	2 265 894	15.07	1 153 030	20.97	6 217 453	17.20	524 413	23.33
2012	1 818 405	4.30	885 843	3.56	2 335 537	3.07	1 221 838	5.97	5 847 172	−5.96	519 584	−0.92
2013	1 950 383	7.26	833 166	−5.95	2 331 367	−0.18	1 245 308	1.92	5 876 356	0.50	515 584	−0.77

数据来源：联合国贸易与发展数据库，http://unctadstat.unctad.org/TableViewer/tableView.asp。

2001—2013 年韩国与东盟双边 FDI 直接额（千美元）

行业	韩国直接对外投资额												
	2001	2002	2003	2004	2005	2006	2007	2008	2009	2010	2011	2012	2013
农业、林业和渔业	773	598	2 036	1 728	2 378	3 940	28 600	41 425	30 382	90 504	93 992	82 481	26 190
采矿业	11 013	22 859	122 277	106 804	131 545	240 838	326 249	459 718	758 811	1 079 272	853 674	1 356 922	912 106
制造业	305 750	252 950	339 985	228 108	366 750	603 499	1 200 861	1 211 301	538 847	2 374 329	2 398 359	2 060 213	1 892 169
电、煤气、蒸汽和水供应	0	0	0	0	200	0	27 895	73 109	121 510	33 875	130 933	94 825	61 863
金融与保险业	5	58 584	33 310	33 348	784	125 094	343 081	73 384	181 261	569 354	80 138	218 984	
建造业	28 982	11 623	11 562	11 845	13 921	69 996	274 964	302 668	131 677	76 392	138 478	103 496	154 563
批发和零售业	28 076	23 865	34 566	24 212	47 795	38 526	111 406	284 525	94 506	112 474	230214	293 687	141 011
专业、科学技术活动	250	274	423	2 427	2 728	7 011	30 358	41 762	70 970	52 362	117 529	90 338	92 131
房地产和租赁活动	29 945	27 806	48 21	35 978	67 508	106 038	591 380	517 150	143 478	117 741	154 604	70 596	89 798
交通业	934	1 381	1 199	6 422	8 757	87 284	107 502	113 357	75 534	101 238	137 987	96 061	82 025
信息通信	3 545	13 503	43 059	78 315	16 313	116 673	41 253	124 613	17 777	120 740	51 223	45 015	38 823
商业设施管理和业务支持服务	148	1 242	1 085	10 423	5 122	11 374	26 743	8 446	6 717	3 751	5 777	666	22 758

韩国直接对外投资额												
住宿和餐饮服务活动	7 311	1 734	640	5 530	24 146	56 880	146 874	133 215	37 167	32 267	22 098	23 270	26 111
污水、废物管理、材料恢复和补救活动	0	0	0	150	110	20	4 000	310	85	1 034	2 454	0	20 092
艺术、体育和娱乐相关服务	719	6 684	3 322	6 177	8 811	30 541	76 841	40 496	22 339	17 169	11 560	17 427	6 899
会员组织、修复和其他个人服务	349	1 875	612	0	3 438	1 806	3 098	2 912	437	4 759	2 787	1 513	2 711
教育	105	100	594	1 250	959	2 858	12 487	6 695	2 431	4 699	6 341	6 535	2 690
人类健康和社会工作活动	0	0	548	599	1 227	435	3 058	1 185	99	100	202	99	232
韩国接受外商投资额												
制造业	378 940	360 922	428 959	341 209	544 381	1 060 455	1 516 801	1 860 630	743 942	3 172 470	2 471 129	2 176 085	2 523 098
金融与保险业	10	105 329	59 503	33 348	500	25 000	160 375	470 465	219 964	386 157	620 690	179 660	481 341
采矿业	15 137	183 477	736 955	159 852	32 637	776 659	911 618	5 082 240	3 951 502	2 174 088	1 790 855	1 086 162	264 747
电、煤气、蒸汽和水供应	0	0	0	0	200	1800	231 778	136 142	188 951	64 447	160 614	96 985	259 725
批发和零售业	30 638	34 306	44 827	27 734	56 427	61 063	248 534	293 039	123 450	162054	268487	316 189	205 615
建造业	30 611	14 460	11 358	21 103	72 624	286 838	845 092	365 879	270 310	85553	280759	144 456	195 884
房地产和租赁活动	30 849	38 040	33 266	37 246	141 071	626 947	1 936 709	1 492 565	328 695	190593	204965	141 241	120 982
专业、科学技术活动	310	1562	423	2 905	5 062	24 400	55591	77 539	90 519	155305	63162	115 450	115 337
交通业	1 264	1 422	1 345	6 617	9 123	89 630	109 469	150 901	95 962	292 724	104 162	11 631	64 517

续表

韩国接受外商投资额												
住宿和餐饮服务活动	8 786	3 175	2 010	10 382	51 995	145 287	170 373	178 899	74 193	140 525	39 416	36 981	60 663
信息通信	4 964	1 747	11 380	66 775	6 229	303 285	50 700	130 762	28 898	134 310	68 185	46 462	47 770
商业设施管理和业务支持服务	78	3 991	2 169	10 772	8 770	88 466	10 192	12 642	18 508	5185	18 579	722	29 491
艺术、体育和娱乐相关服务	847	12 565	3 074	22 497	14 231	83 536	111 255	78 675	53 707	17 067	18 138	28 217	36 937
农业、林业和渔业	2 413	450	5 408	2 278	6 822	7 573	68 765	106 180	61 033	83 923	155 662	86 268	32 683
污水、废物管理、材料恢复和补救活动	0	0	0	350	110	235	4 000	370	321	3 020	680	270	20 993
会员组织、修复和	657	2 498	1 314	200	4102	2 762	11 178	15 150	806	2360	2886	3 311	5 229

数据来源：韩国进出口银行，http://www.koreaexim.go.kr。

参考文献

论　　文：

[1] 金鑫：《自由贸易协定中的保障措施探究》，中国政法大学 2012 年硕士学位论文。

[2] 丘东晓：《自由贸易协定理论与实证研究综述》，载《经济研究》2011 年第 9 期，第 147—157 页。

[3] [韩] 李圭泽：《日韩 FTA 之研究》，载《东南亚研究》2004 年第 6 期。

[4] 芮秉焕：《韩国 FTA 战略研究》，吉林大学 2013 年博士学位论文。

[5] 廖小健、廖新年：《韩国的 FTA 战略》，载《外交评论（外交学院学报）》2005 年第 5 期，第 79—85 页。

[6] 王晓斐：《韩国与欧盟自由贸易协定探析》，青岛大学 2012 年硕士学位论文。

[7] 王胜今、于潇：《东北亚地区建立自由贸易区（FTA）的现状与趋势》，载《东北亚论坛》2007 年第 4 期，第 3—6 页。

[8] 赵钰：《美韩自由贸易协定的影响与效应》，山东大学 2012 年硕士学位论文。

[9] 陈小蕴、张水泉：《对外直接投资与贸易品技术结构提升：韩国的经验及启示》，载《亚太经济》2012 年第 2 期，第 43—48 页。

[10] 王莉：《中韩两国 FTA 战略的比较分析》，东北财经大学 2012 年硕士学位论文。

[11] 朴汉真：《韩国企业对华投资的发展及其动机》，载《中国外资》2013 年第 12 期，第 19—21 页。

[12] 徐贤民：《韩国企业对中国直接投资：基于三星和现代汽车案例分析》，

山东大学 2012 年硕士学位论文。

[13] 王箫轲：《中韩经济相互依赖关系的比较分析》，载《亚太经济》2013 年第 5 期，第 91—95 页。

[14] 张明亮：《韩国的东盟战略——以其"新亚洲构想"为视角》，载《东北亚论坛》2010 年第 2 期，第 89—95 页。

[15] 朱颖：《美国与东盟国家自由贸易协定计划的提出与实施》，载《东南亚研究》2007 年第 6 期。

[16] 韦倩青：《美国直接投资对中国与新加坡双边产业内贸易的影响研究》，载《经济问题探索》2007 年第 2 期。

[17] 邹宁军：《新加坡双边自由贸易外交分析》，暨南大学 2010 年硕士学位论文。

专 著：

[18] 朴昌根：《解读汉江奇迹》，上海：同济大学出版社 2012 年版。

[19] 朱颖：《美国全球自由贸易协定战略》，上海：华东理工大学出版社 2012 年版。

[20] 特伦斯·K·霍普金斯、伊曼纽尔·沃勒斯坦等著，吴英译：《转型时代——世界体系的发展轨迹：1945—2025》，北京：高等教育出版社 2002 年版。

[21] 魏炜：《李光耀时代的新加坡外交研究（1965—1990）》，北京：中国社会科学出版社 2007 年版。

报 告：

[22] WTO 联合国秘书处：《欧盟与韩国自由贸易协定报告》。

[23] 中华人民共和国商务部：《2013 年国别贸易报告》。

外 文：

[24] World Trade Report, 2013, WTO Statistics database.

[25] ACIF(ASEAN COMMUNITY IN FIGURE), 2013, ASEAN statistics.

[26] ASEAN economic Community Chartbook, 2013, ASEAN statistics.

[27] Economic Indicator-Indonesia, 2013, WTO.

网　　络：

[28] 韩美自由贸易协定，韩国 FTA 官网，http://www.fta.go.kr/us/doc/1/。

[29] 韩欧自由贸易协定，韩国 FTA 官网，http://www.fta.go.kr/eu/doc/1/。

[30] 韩东盟自由贸易协定，韩国 FTA 官网，http://www.fta.go.kr/main/situation/kfta/lov5/asean/2/。

[31] Regional Trade Agreements Information System，世界贸易组织（WTO）网站，http://rtais.wto.org/UI/PublicAllRTAList.aspx。

[32] ASEAN Statistical Yearbook, 2012, ASEAN Statistics, http://www.asean.org/resources/.

[33] Statistics Indonesia, http://www.bps.go.id/eng/.

[34] World Economic Outlook Database, 2013, IMF. http://www.imf.org/external/pubs/ft/weo/2013/02/weodata/index.aspx.

[35] Regional trade agreements Database, 2013, WTO, http://www.wto.org/english/tratop_e/region_e/region_e.htm.